Buchela IHR TIERKREISZEICHEN

Widder 21. 3. – 20. 4.

D1719480

Buchela

IHR TIERKREISZEICHEN

Widder
21.3.–20.4.

Verlag Modernes Sachbuch

Unter Mitwirkung von Frau Buchela, 548 Remagen, Viktoriabergweg 5
Astrologische Unterlagen: Frau Friedel Dennemann/Frankfurt-M.
Rudolf Putzien/Düsseldorf - Dr. Ernestro Montgomery/Los Angeles
Redaktion: Gert Orthmann/Opladen
Lektorat: Carla Schiffmann/Düsseldorf

© 1974 by Verlag Modernes Sachbuch, Verlagsgruppe A. Henn Verlag KG.
Düsseldorf-Kastellaun
Design: Vok Dams Studios, Wuppertal
Gesamtherstellung: Eric Freudenhammer, Bornheim
ISBN: 3-450-01067-0

Zum Geleit

Der Mensch ist das Produkt der Stunde seiner Geburt und des Zeitalters, in dem er lebt.

Selbst die orthodoxe Wissenschaft, die die prognostische Astrologie ablehnt, findet sich heute immerhin bereit anzuerkennen, daß die Menschentypen je nach den Geburtsmonaten (und Tagen) im Charakter, in ihrer Gestalt, in den Veranlagungen und der Neigung zu bestimmten Krankheiten, gleichartig auf der einen und stark unterschiedlich auf der anderen Seite sind.

Nach alten kosmobiologisch-astrologischen Erfahrungen wird das Jahr nach zwölf Tierkreiszeichen eingeteilt, die die Zäsuren für die einzelnen Typen darstellen.

Die oft beachtlichen Begabungen und bemerkenswerten Lebenswege bekannter Persönlichkeiten, die unter den verschiedenen Tierkreiszeichen geboren wurden, sind Bestätigungen der Thesen, daß die Sternstunden der Geburt dem Menschen eine gewisse Mitgift bescheren, die ihn für das Leben prägt.

Es bedarf freilich einer stark intuitiven und in langer Erfahrung verankerten Schau, um die bemerkenswerten Charakterzüge und Wesensarten darzustellen, die den einzelnen Tierkreiszeichen zugesprochen werden können.

Den Weg zu weisen, den man gehen kann, die Haltung zu schildern, die man zu behaupten vermag, den Typ zu leben, den man im Dasein darstellen soll - das sind einige Fakten, die nachstehend für jeden einzelnen nach Wesen und Art beschrieben werden.

Da der Mensch ein Gesellschaftswesen ist und nicht allein sein mag - ist der Frage der Kontaktfähigkeit zu seinem Nächsten und zum anderen Geschlecht große Aufmerksamkeit und weiter Raum gewidmet.

Wer von Zeit zu Zeit in diesen Handbüchern für die Tierkreis-Typen blättert, wird wichtige Erkenntnisse sammeln für sich, seine persönliche Entwicklung und Zukunft, aber auch für die Beziehungen zur Umwelt.

Diese Einblicke geben den Mut für den eignen zukünftigen Lebensweg und zur Lösung der Aufgaben, die das Schicksal uns stellt.   Carla Schiffmann

Die Tierkreiszeichen

Widder	21. März	bis 20. April
Stier	21. April	bis 20. Mai
Zwillinge	21. Mai	bis 21. Juni
Krebs	22. Juni	bis 22. Juli
Löwe	23. Juli	bis 23. August
Jungfrau	24. August	bis 23. September
Waage	24. September	bis 23. Oktober
Skorpion	24. Oktober	bis 22. November
Schütze	23. November	bis 21. Dezember
Steinbock	22. Dezember	bis 20. Januar
Wassermann	21. Januar	bis 19. Februar
Fische	20. Februar	bis 20. März

Die Sterne leiten das Los der Menschen.
Gott aber leitet die Sterne

Tycho de Brahe

Wochentagskalender 1850-2050

Manchmal ist es wichtig, den Wochentag zu kennen, der einem bestimmten Datum entspricht.

Nachstehend veröffentlichen wir die Tabelle für die Jahre 1850 bis 2050, also für zwei Jahrhunderte.

Beispiel:

Nehmen wir den 15. Dezember 1970. Auf welchen Wochentag fiel dieses Datum? Auf Tabelle 2 suchen wir das Jahr 1970, während wir auf derselben Linie in der Reihe „Dezember" die Zahl 2 finden. Da wir den 15. Dezember suchen, fügen wir 15 zur 2 hinzu und erhalten die Zahl 17. Diese befindet sich in der Tabelle 1 auf der Linie des Dienstags. Der 15. Dezember 1970 fiel mithin auf einen Dienstag.

Tabelle 1

Sonntag	1	8	15	22	29	36
Montag	2	9	16	23	30	37
Dienstag	3	10	17	24	31	
Mittwoch	4	11	18	25	32	
Donnerstag	5	12	19	26	33	
Freitag	6	13	20	27	34	
Samstag	7	14	21	28	35	

Tabelle 2

Monat																												
DEZ.	0	1	3	4	5	6	1	2	3	4	6	0	1	2	4	5	6	0	2	3	4	5	0	1	2	3	5	6
NOV.	5	6	1	2	3	4	6	0	1	2	4	5	6	0	2	3	4	5	0	1	2	3	5	6	0	1	3	4
OKT.	2	3	5	6	0	1	3	4	5	6	1	2	3	4	6	0	1	2	4	5	6	0	2	3	4	5	0	1
SEPT.	0	1	3	4	5	6	1	2	3	4	6	0	1	2	4	5	6	0	2	3	4	5	0	1	2	3	5	6
AUG.	4	5	0	1	2	3	5	6	0	1	3	4	5	6	1	2	3	4	6	0	1	2	4	5	6	0	2	3
JULI	1	2	4	5	6	0	2	3	4	5	0	1	2	3	5	6	0	1	3	4	5	6	1	2	3	4	6	0
JUNI	6	0	2	3	4	5	0	1	2	3	5	6	0	1	3	4	5	6	1	2	3	4	6	0	1	2	4	5
MAI	3	4	6	0	1	2	4	5	6	0	2	3	4	5	0	1	2	3	5	6	0	1	3	4	5	6	1	2
APRIL	1	2	4	5	6	0	2	3	4	5	0	1	2	3	5	6	0	1	3	4	5	6	1	2	3	4	6	0
MÄRZ	5	6	1	2	3	4	6	0	1	2	4	5	6	0	2	3	4	5	0	1	2	3	5	6	0	1	3	4
FEB.	5	6	0	2	3	4	5	0	1	2	3	5	6	0	1	3	4	5	6	1	2	3	4	6	0	1	2	4
JAN.	2	3	4	6	0	1	2	4	5	6	0	2	3	4	5	0	1	2	3	5	6	0	1	3	4	5	6	1
	2030	2031	2032	2033	2034	2035	2036	2037	2038	2039	2040	2041	2042	2043	2044	2045	2046	2047	2048	2049	2050							
	2002	2003	2004	2005	2006	2007	2008	2009	2010	2011	2012	2013	2014	2015	2016	2017	2018	2019	2020	2021	2022	2023	2024	2025	2026	2027	2028	2029
	1974	1975	1976	1977	1978	1979	1980	1981	1982	1983	1984	1985	1986	1987	1988	1989	1990	1991	1992	1993	1994	1995	1996	1997	1998	1999	2000	2001
	1946	1947	1948	1949	1950	1951	1952	1953	1954	1955	1956	1957	1958	1959	1960	1961	1962	1963	1964	1965	1966	1967	1968	1969	1970	1971	1972	1973
	1918	1919	1920	1921	1922	1923	1924	1925	1926	1927	1928	1929	1930	1931	1932	1933	1934	1935	1936	1937	1938	1939	1940	1941	1942	1943	1944	1945
												1901	1902	1903	1904	1905	1906	1907	1908	1909	1910	1911	1912	1913	1914	1915	1916	1917
	1878	1879	1880	1881	1882	1883	1884	1885	1886	1887	1888	1889	1890	1891	1892	1893	1894	1895	1896	1897	1898	1899						
	1850	1851	1852	1853	1854	1855	1856	1857	1858	1859	1860	1861	1862	1863	1864	1865	1866	1867	1868	1869	1870	1871	1872	1873	1874	1875	1876	1877
																												1900

Widder mit dem goldnen Fell, den ein Gott verschenkte

Blättern wir in den Stern-Sagen verflossener Jahrtausende, in denen sich der Glaube an die Abhängigkeit des Menschen von den Gestirnen über uns widerspiegelt, dann lesen wir von einem schönen großen Widder, den ein Gott verschenkte. Er hatte ein üppig wolliges Fell aus purem Gold. Und dieser Widder konnte reden wie ein Mensch. Als dieser Widder nach dem Rat der Götter Zeus geopfert worden war, hing das Fell von goldner Wolle an einem Baum im Heiligen Hain, bewacht von einem riesenhaften Drachen, der niemals schlief und das Fell mit seinen Zähnen festhielt. Der Widder aber konnte vor seiner Opferung aus seinem Fell schlüpfen und wurde zum Dank für das, was er den Menschen und den Göttern tat, als das Sternbild des Widders an den Himmel versetzt.

Von diesem Widder hat der Mann, der unter diesem Zeichen geboren ist und im Zeichen des Widders steht, den Drang zur Unabhängigkeit und zur Freiheit, aber auch zur Eigenwilligkeit und oft zum impulsiven übereilten Handeln mit auf den Weg bekommen. Begegnen wir im Alltagsleben Männern, die mutig, freimütig, offen und unternehmend sind, die sich nicht scheuen, Schwierigkeiten rasch und entschlossen zu begegnen, dann können wir fast sicher sein, daß es Männer sind, die im Zeichen des Widder zur Welt kamen. Sie haben die geistige und körperliche Stoßkraft, die unerschütterliche Vitalität, eine ungewöhnlich zähe Gesundheit, wenn auch manchmal verbunden mit einer nervösen Unruhe, die das Zeichen sein kann für eine Kraft, die im Menschen pulst und die er nicht zu lassen weiß.

Im Zeichen der klugen Planung, hochherzig und großmütig, manchmal freilich auch derb und angriffslustig, aber fast immer mit einem guten Kern gehen sie, diese Widder-Männer, mit stark ausgeprägter Lebensfülle und Lebensfreude durch ihr Dasein. Sie neigen dazu, Schwierigkeiten zu unterschätzen, in Extreme zu verfallen, in hastiger Aufwallung auf Grund starker Gefühlseindrücke sich leidenschaftlich zu etwas Neuem zu bekennen, das plötzlich ihr ganzes Innere erfüllt.

Vermeidet der Widder-Mann, sich trotz seiner Stärke zu übernehmen, weiß er mit seinen Kräften hauszuhalten, dann gehört er zu den erfolgreichsten Männern des Erdkreises.

Opfer im Dienst der Göttin Istar

Das Sternbild des Widder wurde in der neubabylonischen Zeit unter Nebukadnezar II. zusammen mit Cetus (einem Teil des Sternbildes Walfisch) als Symbol des königlichen Landmannes bezeichnet und beim Neujahrsritus als das heilige Gestirn des Weltenerlösers Marduck kultisch verehrt. Wenn Marduck nach der feierlichen Prozession auf dem Schiffsräderwagen (carra navalis - Karnaval) zur Brautschaft mit Ningal-Nannar, der Allmutter, in das Schicksalsgemach eilte, so opferten sich die babylonischen Frauen und Mädchen im Dienste der Göttin Istar, die nur eine andere Gestalt der »magna mater celestis«, der Himmelsmutter, verkörperte.

Auch in ägyptischen Schriften aus dem 2. Jahrtausend vor unserer Zeitrechnung wurde der »Widder« entweder als Heilbringer oder als Verkünder, als Prophet des Heilbringers, angesehen. Immer lag ihm der Sinn des Schöpferischen, Pionierhaften zugrunde.

In der ältesten sumerischen Zeit des Euphrat-Tigris-Gebietes symbolisierte das Sternbild des Widder den eingeborenen Sohn Tammuz, der eigentlich der Erntegott war und als solcher von seiner Schwester, Geliebten, Gattin und Mutter, der unerschrockenen kampffreudigen Istar, im Monat Elul (unser heutiger September) in der Unterwelt besucht wurde, um das Befreiungswerk einzuleiten, damit die Erde im nächsten Jahr wieder grünen und sprießen konnte.

So war das weibliche Element untrennbar mit diesem Erlösermythos verbunden, das Zeichen Widder sowohl dem Erlöser-Erntegott wie auch der ihn erlösenden Himmelsmutter zugeschrieben, die alle Schwierigkeiten überwand, um ihr Werk zu vollenden.

Auch heute noch gilt für die unter diesem Zeichen geborenen Frauen, daß sie sich vor Schwierigkeiten nicht scheuen, sondern unerschrocken und tatendurstig an ihre Aufgaben herangehen.

Der Widder - Mann
(21. März bis 20. April)
- *sein Wesen*
- *sein Charakter*

Man sagt, das Zeichen des Widders sei ein feuriges Zeichen, das einen stärkeren Einfluß auf die Persönlichkeit ausübt als irgendein anderes. Wir verstehen unter einem Widder-Mann einen Menschen, bei dem die Sonne im Tierkreiszeichen Widder steht.

Die Sonne durchläuft das Zeichen des Widders in der Zeit vom 21. März bis 21. April eines jeden Jahres. Der Eintritt und Austritt aus diesem Zeichen kann sich um einen Tag vorwärts oder rückwärts verschieben. Im großen gesehen verstehen wir unter Widder-Menschen die Personen, die zwischen dem 21. März und 20.April zur Welt kamen.

Ohne Zweifel verleiht das Zeichen des Widders dem Menschen und speziell dem Mann Lebensbejahung im wahrsten Sinne des Wortes. Die Vitalität, die damit verbunden ist, führt den Widder-Mann oftmals dazu, als Abenteurer und Kraftnatur mit einer Tollkühnheit durchs Leben zu gehen, die nicht zu übertreffen ist. Die großen Conquistadores, die auszogen, Südamerika zu erobern, die Helden der Forschung, die in die Antarktis, zum Nordpol, zum Gipfel des Himalaja vorstießen, sind überwiegend Widder-Männer. Es liegt im Wesen dieses Typs, wenn es ihn packt, geistig und körperlich mehr auszugeben, als er wiederzugewinnen vermag.

Positive Eigenschaften

Zu den positiven Charaktereigenschaften des Widder-Mannes zählen neben der Liebe zur Unabhängigkeit Verantwortungsbewußtsein und Großzügigkeit. Zu seinen Qualitäten gehören aber auch Intuition, kluge Vorausschau, Begeisterungsfähigkeit und Idealismus.

Die scharfe Beobachtungsgabe, die Freude, etwas zu organisieren, die Führung zu übernehmen, die Bereitschaft, sein Privatleben vorübergehend zurückzustellen, um erst seinem Ziel nachzustreben, - sind die Gaben, die die Natur dem Widder-Mann so reichlich schenkte, daß daraus manchmal ein merkwürdiges Übergewicht zur negativen Seite erwächst, gewissermaßen ein Abgleiten ins Extreme.

Negative Charakterzüge

Das zeigt sich in dem Augenblick, in welchem wir versuchen, die weniger günstigen Eigenschaften des Widder-Mannes herauszustellen, die vor allem dann zutagetreten, wenn er gereizt wird, sich am Widerspruch der anderen oder an der Ungunst der Verhältnisse zu reiben. Dann bricht plötzlich aus seiner sonstigen Ausgeglichenheit jener Jähzorn hervor, der zu den gefährlichen Charakterzügen des Widder-Mannes gehört.

Es ist seine Eigenart, sich den Lastern mit dem gleichen Eifer hinzugeben wie seiner Arbeit. Er kann, wenn er sich von seinen guten Eigenschaften abwendet, wenn aus seiner Geduld Ungeduld wird, aus seinem Arbeitseifer ungezügelte Leidenschaft, zu einem zanksüchtigen Despoten werden . Aus dem Mann, der seinen Ehrgeiz befriedigt sehen will, der zielstrebig aufzusteigen sucht, wird jemand, der die Umwelt feindselig empfindet und gegen sie Sturm läuft.

Kontaktfähigkeit

Prüfen wir in diesem Zusammenhang die Anschlußfähigkeit des Widder-Mannes, dann sind wichtige Feststellungen zu treffen, die die Frau nicht übersehen darf, die sich an einen Widder-Mann anschließt:

Der Widder-Mann hat nicht die Fähigkeit, seine zärtlichen Gefühle, die ihm keineswegs abgehen, auszudrükken. Er ist manchmal der Ansicht, er vergäbe sich etwas, wenn er ein Bekenntnis seiner Liebe, seiner Gefühle ablege. Sein Empfindungsleben ist dennoch sehr tief, aber mit einer Einschränkung: er empfindet schon nach kurzer Zeit, daß die Liebe ihn nicht restlos ausfüllt, für ihn niemals alles bedeuten kann, wenn der erste Rausch, die erste Verliebtheit verklungen ist.

Der Widder-Mann ist ein Typ des Widerspruches, ein Mann, der sich gegen jede Einengung auflehnt. Er ist in seinem Freiheitsstreben fähig, selbst eine harmonische Ehe nur aus dem Widerspruch an sich heraus zu zerschlagen.

Widder-Männer neigen deshalb zu Ehekonflikten in stärkerem Maße als andere Typen. Das zeigt sich vor allem dann, wenn die Partnerin selbst zum Widerspruch neigt.

Der Widder-Mann sollte also entsprechend seiner charakterlichen Anlage als Partner, ganz gleich ob beruflich oder in der Liebe, Menschentypen wählen, die gewillt sind nachzugeben, sich zu unterwerfen, die den Widerspruch nicht nach außen zeigen, den sie vielleicht in ihrem Herzen tragen, aber um des lieben Friedens willen verschweigen.

Der Widder-Mann neigt stärker als irgendein anderer Typ dazu, ein Sonderling zu werden, Eigenheiten zu entwickeln, mit denen die Umwelt, vor allem aber der erwählte Lebenspartner, sich abfinden muß.

Der Widder-Mann, der mit viel zu viel Eifer auch in die Ehe hineingeht, erkennt meist sehr schnell, daß die impulsiv genommenen Hindernisse damit nicht aus der Welt geschafft sind, sondern die Schwierigkeiten im Zusammenleben erst beginnen.

Unterschiede nach den Dekaden

Kleine Charakterunterschiede ergeben sich in bezug auf die einzelnen Dekaden, in die bekanntlich ein Monat im Tierkreiszeichen zerfällt.

In der ersten Dekade, d.h. in den ersten zehn Tagen des Widder-Zeichens (21.März bis 31. März) ist der Mann noch streitbarer, noch angriffslustiger, sind seine Energien

14

noch stärker, seine Neigung, andere zu beherrschen, die Führungsrolle zu übernehmen, größer. Dagegen sind die Leidenschaften bei den in dieser ersten Dekade Geborenen, verglichen mit dem Widder-Mann im allgemeinen, mäßiger, stärker gebändigt.

Der Widder-Mann in der zweiten Dekade (zwischen dem 1. April und 10. April geboren), fällt auf durch seine ungewöhnliche Kühnheit, aber auch durch einen oft etwas überspitzten Stolz, den er aber durch Freigebigkeit, Höflichkeit und Opferbereitschaft wieder ausgleicht. Geduld und Beharrlichkeit sind dem Widder-Mann der zweiten Dekade als besonders günstige Eigenschaften mit auf den Weg gegeben. Aber seine Leidenschaften zeigen sich manchmal in krasser Gewalt . Vor allem die Sinnlichkeit quillt aus den Tiefen seines Wesens heiß empor, oftmals bereit, alle moralischen Schranken zu durchbrechen.

Man sagt von diesem Widder-Mann, daß die materielle Seite stärker ist als die Gefühlsseite. Seine Persönlichkeit setzt sich durch und strebt oft rücksichtslos ihrem Ziel zu.

Die dritte Dekade umfaßt die Menschen, die zwischen dem 11. und 20.4. zur Welt kamen. Der Mann aus dieser Dekade ist nach aussenhin freundlich und liebenswürdig. Aber er wird von starken Leidenschaften beherrscht, die ihn manchmal zwingen, mit einer geschickten Lüge sein Ziel anzustreben, das er meist mit dem Glorienschein seiner Illusion versieht.

Die Leidenschaften schlagen oft in starke innere Unruhe um und treiben diesen Männertyp hinaus ins Leben, auf Reisen und Expeditionen, wo die täglichen Veränderungen für ihn die ersehnte Ablenkung bedeuten.

Der Widder-Mann ist in seiner ganzen Art eine feurig wirkende, energische und meist rastlose Natur, die hartnäckig und oft rücksichtslos ein angestrebtes Ziel ansteuert, - während gleichzeitig ein feiner harmonischer Sinn für Ordnung, Schönheit und stimmungsvolle Umgebung ihn mit seinen ganzen Stärken und Schwächen beherrscht.

So passen die Frauen zu ihm

Widder-Frau (21. März bis 20. April)

In einer Verbindung zwischen Widder-Partnern dürfte es oft hart auf hart hergehen, da sich keiner dem anderen anpassen will. Auch die Widder-Frau besitzt ihren eigenen Kopf, ihren Stolz und Ehrgeiz. Ihre selbstbewußte Art und ihre ausgesprochene Neigung, sich die Umwelt zu unterwerfen, stehen dem Führungsanspruch des Widder-Mannes in keiner Weise nach. Beide sind feurige impulsive Naturen, die neben ihrer stark ausgeprägten Aktivität eine beispiellose Energie besitzen. Sie scheuen sich nicht, ihre Ellenbogen zu gebrauchen und sich über die Interessen des anderen hinwegzusetzen.

Diese Rücksichtslosigkeit führt im Zusammenleben zwangsläufig zu kritischen Situationen. Die Worte werden nicht auf die Goldwaage gelegt, und so zeigt der Umgangston oftmals jene rauhe Herzlichkeit, die sonst unter harten Männern üblich ist. Da ihnen jedes diplomatische Geschick fehlt und sie gewohnt sind, ohne Umstände ihre Wünsche durchzusetzen, geht es im Eheleben meist sehr stürmisch zu.

Takt und Einfühlungsvermögen sind in einer Verbindung zwischen Widder-Partnern beinahe unbekannte Begriffe. Beide glauben, daß nur unverblümte Meinungsäußerungen und unbekümmerter Machtanspruch die einzig gültige Richtschnur im Leben sein könnten. Es fehlt zumeist an jener seelischen Verständigungsbereitschaft, die sich durch Herzensbildung und Nachsicht in ihrer schönsten Form zu äußern pflegt.

Der Widder-Mann hat nur eine Chance bei einer Partnerin vom gleichen Typ: er ist an sich eine ritterlich-großzügige Natur, und sie verlangt vom Manne gerade diese Kavalierseigenschaft, so daß auf dieser Basis eine gewisse Annäherung möglich ist.

Wenn der Widder-Mann als herrschsüchtig bezeichnet werden darf, so kann der Stier-Frau zumindest eine stark ausgeprägte Eigenwilligkeit nachgesagt werden. Sie ist zwar in allen materiellen Fragen des Lebens auf der Höhe, versteht es, gut zu rechnen und zu wirtschaften, was der Widder-Mann sehr zu schätzen weiß. Aber sie reagiert sehr empfindlich, wenn man ihr nicht völlige Bewegungs- und Dispositionsfreiheit zugestehen will. Sie kann nur schwer einen Herrn über sich ertragen, ist zudem genauso egoistisch wie der Widder-Mann, so daß die Gefahr von Kontroversen in den gegenseitigen Beziehungen beträchtlich sein wird.

Da der heißblütige, feurige Widder-Partner sein Herz sehr leicht verliert, während seine Stier-Partnerin wiederum äußerst eifersüchtig ist, sorgt er ständig für Konfliktstoff. Obwohl die Stier-Frau an sich sehr beständig und treu sein kann, wird sie eine Untreue ihres Mannes nie vergessen, auch wenn sie es nach außen hin verzeiht. So bedarf es nur des Schimmers eines Verdachts, um ihm alles in neuer Auflage wieder zu servieren. Es ist für den Widder-Mann oft erstaunlich, welche Einzelheiten seinem flüchtigen Gedächtnis dann in Erinnerung gerufen werden. Natürlich reagiert er darauf in entsprechender Weise, das heißt er platzt vor Zorn und führt seine rauhe Sprache. Sie vergißt auch diese Worte nicht, sondern hält durch ihre nachtragende Art ständig den Funken an das Pulverfaß.

Über die charakterlichen Gegensätze dieser beiden Partner vermag auch die fast gleichartige Einstellung zu den materiellen Erfordernissen des Lebens keine Brücke zu schlagen. Es wird auf die Dauer kaum möglich sein, einen gemeinsamen Lebensweg in Frieden und Eintracht zu finden.

Zwillings-Frau (21. Mai - 21. Juni)

Diese beiden Typen haben manche Möglichkeit einer gegenseitigen Verständigung. Zwar ist auch die Zwillings-

Frau nicht unempfindlich gegen die impulsive und herrische Art des Widder-Partners, doch besitzt sie eine verbindliche Natur, die vielen Auswüchsen seines Umgangstones die Spitze zu nehmen vermag. Sie ist beweglich, anpassungsfähig und verständnisvoll. Sie erwartet von einem Mann, daß er auch wirklich ein Mann ist, und legt keinen Wert darauf, daß er sich ihr unterordnet. Nur auf den Ton kommt es an, denn in dieser Hinsicht besitzt die Zwillings-Frau ein sehr feines Gehör.

Ihr Triebleben verlangt nach harmonischer Auslösung. Deshalb muß dem Widder-Partner ans Herz gelegt werden, hier rücksichtsvoll und geschickt vorzugehen. Braucht er schon viel Einfühlungsvermögen, um eine Stier-Frau zu begreifen, so gehört noch mehr geistige Beweglichkeit dazu, die intelligente Frau des Zwillingszeichens zu erobern.

Er muß in dieser Gemeinschaft weniger die Überlegenheit seines Willens, als vielmehr die hohe Entwicklung seiner Vernunft und Einsicht betonen. Dazu braucht er das, was ihm von der Natur meist versagt bleibt, nämlich eine gute Portion Geduld, um den unruhigen, nervösen Zwilling richtig lenken zu können. Nicht durch sein leidenschaftliches Temperament wird er seiner Zwillings-Partnerin imponieren, sondern mit seinem Geist, seiner Ritterlichkeit, Erfahrung und seiner verständnisvollen Haltung.

Die Zwillings-Frau sieht die Führung eines Haushaltes mehr als notwendiges Übel und nicht als das Ziel ihrer Lebenswünsche an. Dafür kann sie aber im Berufsleben umso besser mit ihrem Widder-Mann Schritt halten. Hier liegen sehr gute Verständigungsmöglichkeiten für beide Teile. Sie wird ihm durch ihre Aufgeschlossenheit, ihren Einfallsreichtum und ihre leichte Auffassungsgabe sowie ihren klaren und logisch denkenden Verstand bald unentbehrlich werden. Bei ihm liegen wiederum ihre Anregungen in guten Händen. Er wird ihre Ideen praktisch zu verwirklichen wissen. Das dürfte ihm umso mehr Freude machen, wenn die Zwillings-Frau als diplomatisch geschickte

Partnerin sich klug im Hintergrund hält und bereit ist, ihm den Nimbus des großen Könners zu überlassen.

Krebs-Frau (22. Juni - 22. Juli)

Es ist fraglich, ob der robuste Widder-Mann, der mehr dem tätigen äußeren Leben zugewandt ist, für eine sensible Krebs-Frau der ideale Partner sein kann. Was ihm an Gemüt fehlt, das besitzt sie im Übermaß. Seiner stark sinnlichen Natur steht ihre seelisch ausgeprägte Veranlagung entgegen. Sie bemuttert gern und das in einer beinahe herrschsüchtigen Weise.

Trotzdem ist sie der rücksichtslosen Härte des Widder-Mannes nahezu wehrlos ausgeliefert. Seine Ellbogenfreiheit kann für sie eine Quelle ständiger Depressionen werden. Gerade Krebs-Frauen haben schwer an ihrem Herzleiden zu tragen. Schnell fließen ihre Tränen. Das feurige Element des Widder-Partners verträgt sich damit schlecht, so daß er immer mehr in Harnisch gerät, je unaufhaltsamer ihre Tränen fließen. Er ist stets vorwärtsstrebend und allem Neuen zugetan. Sie wiederum hängt sehr am alten, ist mehr konservativ, so daß er sich leicht gehemmt fühlen kann.

Die Krebs-Frau wird immer von ihren seelischen Stimmungen oder sonstigen äußeren Einflüssen abhängen, so daß ein Mann sehr feinfühlend sein muß, wenn er diese mimosenhafte Frau richtig nehmen will. Im übrigen verträgt die Krebs-Frau zumindest in ihrem eigenen Reich, im Heim und in der Familie, keinen Zwang, denn auch sie herrscht weise im häuslichen Kreise.

Dem Widder-Mann fehlen meist jene Gaben, die einer Krebs-Frau zum seelischen und körperlichen Glück verhelfen können. Die feinen Regungen in der Seele dieser Partnerin vermag er einfach nicht zu begreifen. In seinen Augen ist sie nur launisch und schwierig. So wird er ihr vielfach ungewollt, aber oft auch aus seinem Ärger heraus bewußt Wunden schlagen.

Wenn der Widder-Mann bereit ist, gewisse Spielregeln einzuhalten, so könnte die Löwe-Frau für ihn zweifellos die Richtige sein. Sie ist im Grunde ihres Herzens eine sehr fröhliche Partnerin, die sich bemüht, auch ihre Umwelt stets in guter Stimmung zu halten. Darüber hinaus aber ist sie ganz »Dame«, würdevoll, stolz und selbstbewußt. In der Liebe dürfte sie eine der besten Ergänzungen zum Widder-Mann sein. Hier läßt sie sich von ihren Gefühlen beherrschen, ist leidenschaftlich und liebt so heiß, wie es der Widder-Partner erwartet.

Die Löwe-Frau hat von der Ehe eine sehr ideale Vorstellung, weiß aber auch darauf zu achten, daß ihr Partner die materielle Sicherheit des Zusammenlebens garantieren kann. Um der Liebe willen ist sie praktisch zu allem fähig. Wenn eine Löwe-Frau wirklich von Herzen liebt, dann existiert für sie kein anderer Gott neben ihrem »Herrn«. Das heißt, mit dem Herrenleben des Widder-Mannes dürfte es allerdings nicht mehr allzu weit her sein, denn sie ist die eigentliche Herrin seines Hauses. Regieren kann er draussen im Berufsleben. Aber unter vier Augen muß er sich nach dem Motto richten: »Was wäre ich ohne dich!« Diese Spielregel ist genauso einzuhalten wie eine andere, nämlich an Komplimenten ebenso wenig zu sparen wie an Geld. Denn eine Löwe-Frau will für »IHN« schön sein, vielleicht auch noch für andere, dann aber nur aus Gründen der Repräsentation.

Der kluge Widder-Mann vermag sich bei seiner Löwe-Partnerin sehr beliebt zu machen, wenn er beispielsweise in geselligen Kreisen betont, daß ein gelungener Abend ausschließlich ihr Werk sei und daß er mit ihr wirklich das große Los gezogen habe. Derartige Aufmerksamkeiten hört eine Löwe-Frau gern und weiß sich dafür erkenntlich zu zeigen.

Daß diese Partnerschaft unter Ausschluß der Öffentlichkeit auch ihre bewegte Atmosphäre besitzt, geht nur die beiden Partner etwas an. Die »Zähmung der Widerspenstigen« dürfte den Widder-Mann hinreichend beanspruchen und manches Problem aufwerfen.

Jungfrau-Geborene (24. August - 23. September)

Bei dieser Partnerin ist der Verstand stärker als das Gefühl. Daher legt sie auch keinen besonderen Wert darauf, sich »erobern« zu lassen. Hier dürfte der Widder-Mann bereits auf das erste Hindernis stoßen und einen jener Fehler begehen, die dem kritischen, scharfsinnigen Urteilsvermögen der Jungfrau-Partnerin nicht entgehen. Obwohl sie als sparsame, vorsorgliche Hausfrau geradezu ideale Qualitäten aufweist, wird sie als Ehepartnerin für den ungestümen, manchmal sehr nachlässigen Widder-Mann keine reine Freude sein. Sie kann einfach nicht anders, als nach den kleinen und großen Mängeln ihrer Mitmenschen Ausschau zu halten, stets belehren zu wollen.

Der Widder-Partner dürfte dieser fast krankhaften Kritiksucht der »Jungfrau« willkommene Angriffspunkte bieten. Dagegen wird er sich über ihre kühle Sachlichkeit aufregen, die so gar nichts mit den sinnenfrohen Genüssen des Lebens anzufangen weiß. Sie ist in jeder Beziehung ein fanatischer Mäßigkeitsapostel, auch in der Liebe. So fühlt er sich leicht um die Erfüllung seiner geheimsten Wünsche betrogen, und sein liebebedürftiges Herz wird bei einer verständnisvolleren Partnerin Trost und Ausgleich suchen.

Aus alldem ergeben sich schwerwiegende Differenzen, die durch ihre Nüchternheit und seine Unbekümmertheit noch verstärkt werden, da die eigentliche Herzenswärme auf beiden Seiten fehlt.

Waage-Frau (24. September - 23. Oktober)

Aus einer gewissen Gegensätzlichkeit dieser Partner kann sich eine harmonische Ergänzung entwickeln, da die Waage-Frau im gleichen Ausmaß alle typisch weiblichen

Eigenschaften besitzt wie der Widder-Mann die rein mas-
kulinen. Die ausgesprochene Einstellung der Waage-Frau
auf die Partnerschaft, auf das männliche Prinzip kann dem
Widder-Mann nur willkommen sein. Er dagegen dürfte
durch die vielen Vorzüge der Waage-Frau ständig neuen
Anreiz gewinnen.

In ihrem ganzen Verhalten ist die Waage-Frau ausgesprochen liebenswürdig, sie hat sogar einen ganz besonderen Charme, der immer wieder gefangen nehmen kann.
Darüber hinaus verbindet sie ihre vornehme, diplomatisch-
kluge Haltung mit viel Anpassungsfähigkeit und geselligen
Talenten.

Die Liebe spielt in ihrem Dasein eine große, wenn nicht
sogar die vorherrschende Rolle. Angefangen vom unver-
bindlichen Flirt, von höflichen werbenden Worten, über of-
fensichtliche Aufmerksamkeiten bis zum leidenschaftlichen Erleben. Sie wird am Widder-Mann auch diese drauf-
gängerisch-zupackende Art lieben ,denn ihre weibliche
Natur verlangt nach der Hingabe an das herrisch-for-
dernde männliche Element. Nur sollte der Widder-Mann
daran denken, daß seine Waage-Partnerin trotz allen leidenschaftlichen Liebesverlangens großen Wert auf eine
kultivierte Form legt. Wenn er dem Rechnung trägt, und
darüber hinaus diese schöne Menschenseele richtig versteht, kann aus dieser Verbindung eine ideale Lebensgemeinschaft erwachsen.

Skorpion-Frau (24. Oktober - 22. November)

Meist werden nur auf der Ebene der rein erotischen
Beziehungen diese beiden so verschiedenen Partner ge-
meinsame Berührungspunkte finden. Aber wehe dem Widder-Mann, der seiner Skorpion-Frau Anlaß zur Eifersucht
gibt! Er wird sie von einer sehr unangenehmen Seite ken-
nenlernen, wenn er glaubt, sich einen Seitensprung leisten zu können.

Eine Skorpion-Frau entwickelt geradezu geniale Fähigkeiten, wenn es sich darum handelt, dem Partner hinter

die Schliche zu kommen. Hat er erst einmal ihr Mißtrauen und ihre Eifersucht erregt, so werden sich ihre Gefühle in eine merkwürdige Haßliebe verwandeln, die letzten Endes nur auf das tödlich beleidigte Selbstbewußtsein und die Herrschsucht der Skorpion-Frau zurückzuführen ist. Sie besitzt in mancher Hinsicht die gleichen Anlagen wie ihre Geschlechtsgenossin unter dem Widder-Zeichen, doch ist sie meist viel gefährlicher, wenn man sie sich zur Feindin gemacht hat.

Ihre sexuelle Leidenschaft ist ungewöhnlich und immer von etwas Geheimnisvollem umwittert, weil sie sich nach außen hin gut zu beherrschen weiß. Ihr unbewußtes Wunschleben drängt immer wieder nach einem Ausleben der Triebkräfte, so daß sie selbst dem vitalen Widder-Mann noch Überraschungen zu bieten vermag.

In echt weiblicher Unlogik (obwohl sie sonst einen geradezu unweiblichen Scharfsinn besitzt) sagt sich die Skorpion-Frau, daß ein Mann mit seinem Feuer und Temperament kaum mit einer Partnerin allein genug haben wird. Diese Eifersucht ist es, die einem friedvoll-harmonischen Zusammenleben auf die Dauer im Wege steht.

Schütze-Frau (23. November - 21. Dezember)

Diese Partnerin wird beim Widder-Mann zweifellos mehr Vorzüge als Nachteile entdecken und ihm daher gern ihr Herz schenken. Er ist zumindest durch und durch ein Mann, zu dem sie aufsehen kann. Seine temperamentvolle Einstellung in der Liebe kommt ihrem eigenen leidenschaftlichen Empfinden entgegen. Zwar kann auch die Schütze-Frau oft eigensinnig und aufbrausend sein, aber sie beruhigt sich meist ebenso schnell wieder.

Im übrigen ist sie im tiefsten Grunde ihrer Seele eine opferbereite, großzügige und verständnisvolle Frau, die jedem Partner Gerechtigkeit zuteil werden läßt. Sie prüft erst, ehe sie sich in eine eifersüchtige Regung verrennt. Sie verzeiht auch leichter, weil sie weiß, daß das menschliche

Herz allerlei Anfechtungen ausgesetzt ist. Immerhin - auch hier müssen zwei »Heißsporne« miteinander auskommen, von denen der eine zudem wenig Bereitschaft zeigt, sich in die stolze Seele der Partnerin einzufühlen.

Die Schütze-Frau liebt genauso die kleinen und großen Aufmerksamkeiten wie die Löwe-Frau. Darüber muß sich der Widder-Mann klar sein. Er muß ferner berücksichtigen, daß kaum ein anderer Frauentyp einen so starken Unabhängigkeitswillen, eine solch große Freiheitsliebe besitzt wie gerade die Schütze-Frau. Trotz stärkster Anziehungskraft kann bei der Schütze-Partnerin oftmals ein Gefühl des Unbefriedigtseins, der inneren Leere aufkommen. Ebenso kann ihre leidenschaftliche Natur zu der fälschlichen Annahme verleiten, daß man ihr auch sehr extreme Liebesbeweise zumuten darf. Derartige Versuche würden aber kläglich scheitern, denn sie sind mit ihrer Menschenwürde nicht zu vereinbaren.

Weiß der Widder-Mann um diese seelischen Zusammenhänge und ist bereit, sie zu berücksichtigen, so wird er mit dieser Partnerin eine schöne Lebensgemeinschaft gestalten können, zumal er in materiellen Dingen so großzügig sein kann, wie es der innersten Natur der Schütze-Frau entspricht.

Steinbock-Frau (22. Dezember - 20. Januar)

Bei dieser Partnerin wird der Widder-Mann oft nicht recht wissen, wie er sich verhalten soll. Irgendwie hat er das dunkle Empfinden, daß unter ihrer ruhigen Oberfläche eine recht leidenschaftliche Natur schlummert. Aber ihm fehlt es an der notwendigen Geduld, die nun einmal erforderlich ist, wenn man eine Steinbock-Frau erobern will. Sie ist nämlich im allgemeinen schwer zugänglich, innerlich stark gehemmt. Sie fühlt sich oft einsam und sucht voller Bangen nach dem Mann, der sie wirklich versteht. Sie ist im Grunde ihres Wesens sehr ernst, weil sie von ihrem Verantwortungsgefühl und ihrem Pflichtbewußtsein beinahe erdrückt wird. Dazu kommt ihre grüblerische Neigung, ihr stets waches Mißtrauen.

Es ist nur selten möglich, die Steinbock-Frau einmal richtig aufzutauen. Dabei ist sie wohl die treueste Partnerin, die man sich wünschen kann, solange sie von ihrer Liebe erfüllt ist. Aber der Mann, der sie richtig zu nehmen weiß, muß schon sehr geschickt und verständnisvoll sein. Sie wird ihm kaum um den Hals fallen. Sie scheint innerlich dem Grundsatz zu folgen, daß man möglichst wenig »darüber« sprechen, ansonsten aber keine Zeit verlieren, sondern handeln sollte.

Der Widder-Mann darf sich durch ihre äußerlich so kühle und reservierte Haltung nicht abschrecken lassen. Er muß die Geduld haben, in diese Frau hineinzuhorchen, um ihre seltenen Augenblicke seelischer Gelöstheit rechtzeitig wahrzunehmen. Im übrigen bleibt ihm nur noch, ihre Leistungen im sonstigen Leben, ihren Arbeitseifer und ihre haushälterischen Tugenden anzuerkennen. Doch dieser Lebensgemeinschaft fehlt gewissermaßen das Salz, das letzten Endes notwendig ist, um sie für beide Teile befriedigend zu machen.

Wassermann-Frau (21. Januar - 19. Februar)

Will der Widder-Mann diese Frau gewinnen, so muß er besondere Richtlinien beachten. Grundsätzlich darf er nicht vergessen, daß die Wassermann -Frau dem Ideal der Gleichberechtigung folgt. Mit Liebesbeteuerungen und Treueschwüren ist bei ihr nicht viel zu erreichen. Sie läßt sich von dem »hochtrabenden Widder« nichts vormachen. Der Mann ihrer Träume muß möglichst geistig auf der Höhe sein, vielerlei Begabungen und möglichst eine künstlerische Neigung haben. Er muß Sinn für alles Romantische und für revolutionäre Neuerungen besitzen.

Die starken Leidenschaften, die oft zum Extremen neigen, sind unter der ruhigen Oberfläche der Wassermann-Frau gut getarnt. Es wird den Widder-Mann überraschen, wenn er feststellen muß, daß bei ihr die körperlichen Wünsche häufig hinter ihre geistigen Interessen zurücktreten. Gerade in der sexuellen Sphäre wird der leidenschaftliche

Widder-Mann erkennen müssen, daß sich erst im Maßhalten der wahre Meister zeigt. Er wird ferner merken, daß neben der Befriedigung der Sinne auch noch andere Ideale für eine Wassermann-Partnerin zählen, Ideale, die nicht unbedingt nach seinem Geschmack sind.

Ist er klug genug, seine Enttäuschung in dieser Hinsicht zu verbergen und das anstregende Spiel der geistigen Erotik mitzumachen, dann dürfte er auf anderen Gebieten reichlich entschädigt werden. Seine Partnerin besitzt nämlich hervorragende Talente als Mitarbeiterin, als kluge Beraterin, deren intuitiven Einfällen er vertrauen darf. Auf diesem Umweg läßt sich mit der Zeit auch die Seele der Wassermann-Frau mehr und mehr gewinnen. Aber er hat es nicht leicht, in die letzten Tiefen ihrer oft so unverständlichen, geheimnisvollen Seele vorzudringen.

Fische-Frau (20. Februar - 20. März)

Für den draufgängerischen Widder-Mann ist die ruhige, phlegmatische Fische-Frau als Partnerin sehr problematisch, zumal sie sehr zart besaitet ist. Sie trägt nach aussen hin schon ein kühles Wesen zur Schau, ist überdies mißtrauisch, ängstlich und läßt sich nur schwer erobern. Dennoch kann gerade sie eine der hingebungsvollsten Frauen sein. Aber der Weg zu ihrem Herzen ist sehr weit. Ihre Liebe ist an sich tief und echt, wenn sie erst einmal geweckt ist.

Das ausgeprägte Gemütsleben der Fische-Frau, das so ganz auf Innerlichkeit zugeschnitten ist, vermag mit dem Tempo des Widder-Partners kaum Schritt zu halten. Wo sie die Seele des Mannes finden möchte, bietet er ihr mehr oder weniger flüchtigen körperlichen Genuß. Wenn er bereits seine Sehnsucht gestillt hat, wartet sie immer noch vergeblich auf die seelische Auslösung, auf das Mitklingen im gemeinsamen Erleben. Die Fische-Frau setzt sich schon instinktmässig gegen seine leidenschaftliche Unruhe zur Wehr, weil sie fürchtet, aus ihrer seelischen Beschaulichkeit herausgerissen zu werden und den Boden unter den Füßen zu verlieren.

Der Widder-Mann seinerseits, dem die Geduld fehlt, sich auf die feineren seelischen Regungen seiner Fische-Frau einzustellen, wird sie voreilig als kalt und gefühlsarm bezeichnen.

Jeder der beiden Partner hat seine positiven und auch seine negativen Seiten. Leider passen diese Anlagen so gar nicht zusammen, und so bemühen sich die Partner vergeblich, einen Weg zu finden, der ein Zusammenleben harmonisch gestalten könnte.

Die Widder - Frau

(21.März bis 20. April)

- ihr Wesen

- ihr Charakter

Unter Widder-Frauen sind jene Frauen zu verstehen, die in der Zeit zwischen dem 21. März und 20. April zur Welt kamen. Zu dieser Zeit kann die Sonne von uns aus in einem Bahnabschnitt gesehen werden, der dem Anfangszeichen des sogenannten Tierkreisgürtels, eben dem Zeichen Widder, entspricht.

Im allgemeinen lassen die unter diesem Zeichen geborenen Frauen eine offene, fast burschikose Wesensart erkennen. Ihr Temperament kann man als cholerisch bezeichnen, weil sie leicht aufbrausen und sich in eine zornige Stimmung hineinsteigern können. Sie besitzen viel Mut und Kühnheit und fragen nicht danach, ob eine Sache für sie gefährlich werden kann. Wenn sie sich einmal für etwas entschieden haben, dann zögern sie nicht, an die Verwirklichung heranzugehen. Dabei zeigt sich als besonderes Charakteristikum, daß sie sich lieber an die großen Richtlinien halten, während sie die lästige Kleinarbeit gern anderen überlassen.

Positive Eigenschaften

Ihre Begeisterungsfähigkeit, ihre sprichwörtliche Kühnheit, ihr Unternehmungsgeist, dazu ihr stark ausgeprägtes Pflichtgefühl, ihre Großmut und Freigebigkeit - alle diese Anlagen geben den Widder-Frauen ein gewisses Recht darauf, sich über die Masse der Alltagsmenschen zu erheben und den anderen voranzustürmen.

Deshalb fühlen sie sich in ihrer Haut auch nicht wohl, wenn sie vom Schicksal in ein abhängiges Daseinsverhältnis gestellt werden. Als Untergebene können sie sich schwer zurechtfinden und werden nach jeder passenden Gelegenheit ausschauen, um diesen Zustand möglichst schnell zu ändern.

Widder-Frauen sind meist ebenso wie ihre männlichen Kollegen unter diesem Zeichen sehr lernbegierig und wissensdurstig. Dabei werden sie von einem scharfsinnigen, logisch denkenden Geist wirksam unterstützt. Sie sind Frauen, die sich in allen Lebenslagen zu helfen wissen. Sie besitzen ein unerschütterliches Vertrauen in sich selbst, in ihre Fähigkeiten und ihre Geschicklichkeit. Gleich den Männern lieben sie Studium und Forschung. Sie möchten Neuland entdecken und diskutieren gern. Für das, was sie vertreten, setzen sie sich voll und ganz mit der Kraft ihrer Persönlichkeit ein.

Aus ihrer großzügigen Haltung heraus können Widder-Frauen wohltätig und sehr freigebig sein. Dabei hat die Erfahrung gezeigt, daß sie nur selten Dank zu erwarten haben. Diese großherzigen Naturen verschwenden ihre Hilfsbereitschaft oft an Menschen, die es keineswegs verdienen. Man sagt ihnen deshalb nach, daß sie keine Menschenkenner seien. Denn so fair und ehrlich die Widder-Frau zu denken pflegt, so schätzt sie auch ihre Umwelt ein. Daher muß sie dem Leben gegenüber oft Lehrgeld zahlen.

Negative Charakterzüge

Bei den niedrigen Entwicklungsstufen der Widder-Frau können Kühnheit und persönlicher Mut leicht in Grausamkeit, Rachsucht und Fanatismus umschlagen. Aus dem Bestreben, sich durchzusetzen, entwickelt sie Aggressivität, aus dem Herrschenwollen wird blinder Dogmatismus. Ist schon die sympathische Vertreterin dieses Zeichens sehr ruhelos, so kann die mehr negativ gepolte Widder-Frau Charakterzüge entwickeln, die ihrer Umwelt auf die Nerven gehen. Der Mangel an innerer Ruhe wirkt sich hier bis zur gereizten nervösen Ungeduld aus, die Rücksichtslosigkeit verliert die mildernde Tendenz der Unbekümmertheit, und das cholerische Temperament macht sich in heftigen Wutausbrüchen Luft.

Wer aufmerksam beobachtet, wird feststellen können, daß auch die Widder-Frauen in ihrer Wesensart sich erheblich unterscheiden.

- *Erste Dekade (21.-31. März):* So besitzen die Widder-Frauen, die in den ersten fünf Tagen ihres Zeichens geboren sind, eine besonders witzige, kluge Art, sich auszudrücken, sie sind überdies sehr findig, oft sogar erfinderisch. Von den Frauen, die innerhalb der nächsten fünf Tage geboren sind, weiss man, daß sie geistig beweglich sind, viel Stolz besitzen und leicht boshaft werden können.

- Von den Frauen der *zweiten Dekade* sind die der ersten fünf Tage besonnen, neigen aber leicht zum Pessimismus, während die übrigen allgemein als höflich, optimistisch, angenehm und fröhlich gelten.

- Widerspenstig, wenn nicht gar streitsüchtig, sollen die in der *dritten Dekade* geborenen Widder-Frauen sein. Die große Ausnahme gilt aber hier für diejenigen, die gegen Ende des Zeichens geboren sind. Ihnen sagt man nach, daß sie zu den beständigsten, mutigsten und erfolgreichsten Frauen gehören.

Jede einzelne dieser unter sich so verschieden abgestuften Widder-Frauen wird die großen charakteristischen Züge ihres Zeichens nicht in Abrede stellen können. Sie alle wollen ihre Umwelt zielbewußt lenken und beherrschen, sich im Leben einen Platz an der Sonne erkämpfen, wobei sie sich im allgemeinen unbekümmert über die Meinung und die Personen ihrer Umwelt hinwegsetzen.

So passen die Männer zu ihr

Widder-Mann (21. März - 20. April)

Grundsätzlich müßte man diesen beiden Partnern von einer engeren Verbindung abraten. Es ist natürlich möglich, daß sie sich in besonderen Ausnahmefällen gut verstehen, aber diese Ausnahmen würden doch nur die Regel bestätigen, und diese besagt, daß zwei Widder-Naturen sich besser aus dem Wege gehen.

Es besteht kein Zweifel, daß kluge Diplomaten unter den Widder-Männern genauso spärlich gesät sind wie auch unter den Frauen dieses Zeichens. Auf die Dauer werden sich diese beiden harten Köpfe doch aneinander stoßen, diese kompromißlosen Charaktere immer mehr aneinander reiben. Fällt es an sich schon jedem einzelnen Widder-Vertreter schwer, sich anzupassen, nachzugeben, so wird eine Verständigung fast unmöglich, wo beide unter den gleichen Voraussetzungen aufeinanderprallen.

Dabei könnten gerade diese Partner, wenn sie die nötige Einsicht und das Verständnis füreinander aufzubringen vermögen, in gemeinsamer Arbeit sehr viel im Leben erreichen. Leider zieht jeder von ihnen am liebsten nur an seinem eigenen Strick, so daß ihnen ein gemeinsames Glück versagt bleiben wird.

Stier-Mann (21. April - 20. Mai)

In dieser Partnerschaft liegen die Voraussetzungen auch nicht ideal, aber immerhin wesentlich besser als zwischen Widder-Mann und Widder-Frau. Allerdings sollte sich die Widder-Frau durch die ruhige Gelassenheit ihres Partners nicht zu falschen Schlüssen verleiten lassen. Wenn sie nämlich glaubt, daß dieser gutmütige Stier-Mann, der seine Bequemlichkeit liebt, um des lieben Friedens willen das Heft aus der Hand gibt, so irrt sie sich. Ihm fehlt zwar die herrische Energie des Widder-Charakters, dafür aber entwickelt er einen zähen Eigensinn, an dem sich die heißspornige Widder-Frau leicht totlaufen kann.

In den rein erotischen Beziehungen vermögen sich die beiden Partner gut zusammenzufinden, denn beide sind im Grunde ihres Herzens leidenschaftliche Naturen. Andererseits wird auch keine noch so gute Verständigung in der Welt der Sinne darüber hinwegtäuschen können, daß sich der Stier-Mann nicht beherrschen läßt. Er braucht Bewegungsfreiheit, sonst rennt er blindwütig wie ein Stier alles über den Haufen, was sich ihm in den Weg zu stellen versucht. Diese Grenzen genau zu erkennen, das ist bei einem Stier-Mann nicht immer leicht.

Ansonsten finden sich bei diesen Partnern auf der materiellen Ebene viele gemeinsame Berührungspunkte. Der Stier-Mann schätzt die greifbaren Werte vielleicht noch mehr als die Widder-Frau. Er weiß sie ebenso gut zu erringen, ein Grund mehr- daß sie sich mit ihm verständigt.

Zwillings-Mann (21. Mai - 21. Juni)

Der Zwillings-Mann bringt eine recht ansehnliche Mitgift an Charakteranlagen mit, die ihm für ein Zusammenleben mit der Widder-Frau günstige Voraussetzungen bieten. Da ist zunächst seine gute Anpassungsfähigkeit, die immer eine Ausweichmöglichkeit zu finden weiß, wenn es gilt, Konfliktstoffe geschickt aus dem Wege zu räumen. Da überdies die Zwillings-Menschen in der glücklichen Lage sind, das Leben möglichst von der leichtesten Seite zu nehmen, messen sie auch eventuellen Differenzen mit ihrer gereizten Widder-Partnerin kaum große Bedeutung bei. Sie nehmen auch ein aggressives Wort nicht schwer, sie tragen nicht nach, so daß trotz möglicher Auseinandersetzungen kein bitterer Stachel zurückbleibt, wie es beispielsweise beim Stier-Mann leicht der Fall ist.

Davon abgesehen bildet für den Zwillings-Mann die Bindung an die energische Widder-Frau einen gewissen Rückhalt, der ihn vor leichtfertigen unüberlegten Schritten, vor manchen Extravaganzen, zu denen er neigt, bewahren dürfte. Hinsichtlich der materiellen Anforderungen des Lebens kann sich der etwas oberflächliche und nicht so konsequente Zwillings-Mann keine bessere Partnerin wünschen als eine zielbewußte tatkräftige Widder-Frau.

Krebs-Mann (22. Juni - 22. Juli)

Diese beiden recht unterschiedlichen Naturen werden nur schwer einen gemeinsamen Lebensweg gehen können. Der Krebs-Mann bevorzugt ein gemütliches Heim - sowie eine Partnerin, die eine ausgesprochen mütterliche Anlage besitzt. In dieser Hinsicht wird ihm die Widder-Frau kaum zusagen. Der nach den feinsten seelischen Regungen hin orientierte Krebs-Mann wird bei der raschlebigen, ungeduldigen Widder-Frau die von ihm so geschätzte Innerlichkeit und Herzenstiefe vermissen.

Obwohl er seiner Partnerin in bezug auf Verständigungsbereitschaft, Anpassungsfähigkeit und Friedenswillen zweifellos überlegen ist, gibt es auch bei ihm eine Grenze. Er weiß seine persönlichen Wünsche zwar im Interesse der Familie und deren Wohl sehr gut zurückzustellen, vermag sich aber auch mit einer beispiellosen Zähigkeit durchzusetzen, wobei er auf geschickte Weise einen Umweg benutzt, falls er auf direktem Wege nicht zum Ziel gelangt.

Aber gerade dies wird zu Spannungen führen, die das gegenseitige Verstehen gefährden. Die robuste Widder-Frau, die ja in ihrer Verhaltensweise wenig Wert auf einen höflichen und zärtlichen Umgangston legt, wird bei dem sensiblen Krebs-Mann immer mehr an Wertschätzung verlieren, eben weil sie so wenig weiblich veranlagt ist . Weil sie auf Gemütswerte zu wenig achtet, wird sie auch selten den Weg zum Herzen des Krebs-Partners finden.

Löwe-Mann (23. Juli - 23. August)

Eine Verbindung zwischen Löwe-Mann und Widder-Frau hat sowohl positive als auch negative Seiten. Die Charaktere, die in vielen Zügen gleichartig ausgerichtet sind, können sich im Laufe einer gewissen Zeit einander anpassen, wenn es auch nicht ohne Zusammenstösse abgehen wird. Diese Verbindung kann nicht nur explosiv, sondern auch interessant und abwechslungsreich sein. Seine temperamentvolle, leidenschaftliche Art kommt der Widder-Frau mit ihrer Vollblut-Natur ergänzend entgegen.

Allerdings muß jeder dieser beiden Feuerköpfe bereit sein, auf einige Rechte zu verzichten, die sie sonst mit größter Beharrlichkeit verteidigen. Sie müßten ihre persönlichen Machtansprüche gegeneinander in vernünftigen Grenzen halten, um hier keinen Konfliktstoff zu schaffen. Er darf als Herr des Hauses keinesfalls glauben, daß sie nach seiner Pfeife tanzen müsse, und sie wird ihre herrschsüchtigen Gelüste bei ihrem Löwe-Mann sehr stark zügeln müssen.

Nach außen hin wissen beide die kleinen Schönheitsfehler ihrer Beziehungen klug zu verbergen, denn gerade Löwe-Menschen legen keinen Wert darauf, Gesprächsstoff zu bieten. In materiellen Fragen könnten gewisse Schwierigkeiten auftreten, da jeder eine freigebige Hand besitzt, besonders wenn es sich darum handelt, dem Leben die genußvollste Seite abzugewinnen.

Jungfrau-Mann (24. August - 23. September)

Der pflichtbewußte, zuverlässige Jungfrau-Mann wird die tatkräftige Widder-Partnerin wegen ihrer Arbeitskraft und ihres Talents, die Dinge entschlossen anzupacken, zu schätzen wissen. Und sie fühlt sich in seiner Gegenwart sicher, weil sie weiß, daß sie diesen Mann nicht zu kontrollieren braucht. Damit sind aber auch die Möglichkeiten einer gegenseitigen Verständigung nahezu erschöpft. Denn in jenen Beziehungen, die für eine Widder-Frau so wichtig sind, nämlich in der Ergänzung der Temperamente, muß der Jungfrau-Mann versagen. Dafür ist er viel zu kühl, und selbst seine sprichwörtliche Treue wird der Widder-Partnerin nicht als Ersatz dienen können.

Beim Jungfrau-Mann spielen leidenschaftliche Empfindungen keine Rolle. Er wird immer dem Verstand, der vernünftigen Überlegung die Vorherrschaft einräumen. Er besitzt eine fast ängstliche Abneigung gegen Zärtlichkeiten und Liebesglut. So kommt eine leidenschaftliche Frau, deren heißes Herz nach einem zärtlichen Partner verlangt, beim Jungfrau-Mann nicht auf ihre Kosten.

Eine Gefahr liegt auch darin, daß Jungfrau-Männer ihre Partnerinnen meist als eine Art Haushälterin und billige Wirtschafterin ansehen und ihr gern diesbezügliche Vorschriften machen, was sich die Widder-Frau mit Sicherheit nicht gefallen läßt.

Waage-Mann (24. September - 23. Oktober)

Diese beiden Charaktere bedingen ganz zwangsläufig eine gewisse gegenseitige Anziehung. Allerdings wird man bei diesen Partnern den Eindruck bekommen, als sei trotz guter Verständigung nicht alles in Ordnung, daß hier gewissermaßen die Rollen vertauscht sind.

Die Widder-Frau, die mehr maskuline Züge aufzuweisen hat, trifft hier auf eine männliche Ergänzung, die erstaunlich viele weibliche Züge besitzt. Er liebt eine vornehme Lebensart und entspricht damit einem geheimen Wunsch der Widder-Frau. Indessen kann er ebenso ungeduldig werden wie sie, obwohl sein Bestreben nach friedlicher Harmonie eher zur Nachgiebigkeit beeinflußt, als es bei der ungestümen Widder-Partnerin der Fall ist.

Um diesen leichten Schmetterling an sich zu binden, muß die Widder-Frau einiges berücksichtigen. Sie hat dafür zu sorgen daß er immer wieder Anregung erhält. Ferner darf seine Unabhängigkeitsliebe nicht eingeengt werden, sonst zeigt auch der friedliche Waage-Mann recht unverträgliche Seiten. Nicht zuletzt sollte sich die Widder-Frau vor Augen halten, daß ihr Waage-Partner auf ein gefälliges Äußere sehr großen Wert legt. Ansonsten steht fest, daß gerade Waage-Männer durch eine tatkräftige, kluge Widder-Frau sehr gefördert werden können, so daß diese Verbindung auf wirtschaftlich gesunder Basis zu stehen vermag.

Skorpion-Mann (24. Oktober - 22. November)

Dieser Partnerschaft dürften zahlreiche Schwierigkeiten bevorstehen, weil beide ihren eigenen Kopf durchzusetzen versuchen. Der Skorpion-Mann verlangt von seiner Partnerin unbedingte Treue und Hingabe, die er stets mißtrauisch und eifersüchtig zu überwachen sucht, für eine Widder-Frau bereits Anlaß genug, sich gegen ihn aufzulehnen.

Obwohl die Erotik hier eine wichtige Rolle spielt und der Skorpion-Mann in bezug auf leidenschaftliche Regungen seiner Widder-Partnerin nicht nachsteht, beansprucht er auch ein wertvolles Innenleben. Aber hier ist die Widder-Frau zu kompromißlos und auch zu undiplomatisch, um sowohl eine in allen Liebeskünsten erfahrene Kokotte als auch eine Heilige zu spielen.

Dazu kommt, daß seine vorzügliche Beobachtungsgabe ihn in die Lage versetzt, bei ihr schnell all die Schwächen herauszufinden, die sie gern verbergen möchte. Überdies ist er selbst schwer durchschaubar. Die Widder-Frau aber liebt eine klare Atmosphäre, sie will wissen, was sie von ihrem Partner zu halten hat. So muß es zwangsläufig zu Mißverständnissen kommen. Daher sollte man diesen beiden Partnern empfehlen, es gar nicht erst miteinander zu versuchen.

Schütze-Mann (23. November - 21. Dezember)

Er besitzt viele Vorzüge die ihn in den Augen einer Widder-Frau begehrenswert erscheinen lassen. Da sie einen tatkräftigen Partner bevorzugt, wird ihr dieser lebhafte Mann, der sich auch bei der Eroberung einer Frau sehr stürmisch zeigt, sicherlich zusagen. Allerdings muß sie wissen, daß er keine Fesseln verträgt. Ebensowenig darf sie ihm mit eifersüchtigen Vorhaltungen kommen, obwohl er gern mit dem Feuer spielt.

Seine Zuneigung wird von einer verfeinerten Leidenschaft getragen, denn er ist im Grunde seines Herzens ein großer Idealist, der sich nicht gern in die Tiefen menschlicher Sinnenfreude hinabziehen läßt, obwohl er feurig genug ist, um auch die anspruchsvolle Widder-Frau zufriedenstellen zu können.

Beruflich macht sich bei ihm ein starker Expansionsdrang bemerkbar. Er wird stets versuchen, seinen geistigen Horizont und seine Position zu erweitern. Auch im engsten Partnerleben wird er nach einem regen geistigen Austausch suchen. Glücklich ist die Widder-Frau, die in dieser Beziehung den oftmals hohen Ansprüchen eines Schütze-Mannes zu genügen weiß.

Steinbock-Mann (22. Dezember - 20. Januar)

Der Steinbock- Mann ist für die lebhafte, impulsive Widder-Frau zu nüchtern und zu vorsichtig . Wo sie unbekümmert drauflosstürmt, da hat seine abwägende Natur allerlei Bedenken. Wenn er sich mit einer Frau verbindet, dann legt er mehr Wert auf eine aufrichtige, beständige Zuneigung als auf leidenschaftliches Begehren. Trotzdem kennt auch der Steinbock-Mann das Feuer der Leidenschaft, aber es wird unter einer kühlen, unbewegten Haltung verborgen und braucht lange Zeit, bis es zu heller Glut entflammt.

Unter diesen Voraussetzungen wird der Steinbock-Mann mit der leidenschaftlichen Widder-Partnerin auf der erotischen Ebene nicht Schritt halten können. Deshalb darf es auch nicht überraschen, wenn gerade aus dem intimen Zusammenleben die ersten Krisen entstehen. Er bringt es einfach nicht fertig, seiner Liebe, die neben ihrer Tiefe und Intensität auch den Vorzug der Treue besitzt, den richtigen Ausdruck zu geben.

Dagegen könnte sich auf der beruflichen Basis eine gute Zusammenarbeit ergeben, was jedoch nicht genügt, um über die anderen Mängel des Zusammenlebens hinweghelfen zu können. Die Partner werden bald merken, daß keiner von ihnen in dieser Verbindung das gefunden hat, was er sich im stillen wünschte.

Wassermann-Geborener (21. Januar - 19. Februar)

Die Widder-Frau wird es nicht leicht haben, diesen merkwürdigen Menschen zu verstehen. Für sie gilt als wichtigste Forderung, daß sie in geistiger Hinsicht aufgeschlossen ist und auf jeden Versuch, die Zügel an sich zu reißen, verzichtet. Auch ihre Leidenschaft sollte sie klug beherrschen. Im allgemeinen sucht der Wassermann nämlich nicht die erotisch erregenden Beziehungen, sondern eine mehr freundschaftliche Bindung, obwohl er den natürlichen Regungen durchaus nicht fremd gegenübersteht. Aber bei ihm kommt der Geist zuerst, dann darf auch nach den sonstigen Empfindungen gefragt werden.

Im übrigen ist er sehr schlagfertig und redegewandt, so daß auch die energische Widder-Frau Mühe haben wird, ihn von ihrer Auffassung zu überzeugen. Am ehesten wird sie mit diesem Wassermann auf der Basis der völligen Gleichberechtigung auskommen. Da er weniger nach materiellen Werten, sondern mehr nach der Idee als solcher und ihrer Verwirklichung fragt, dürfte die realistischere Widder-Frau genug Gelegenheit haben, sich ihm unentbehrlich zu machen, wenn sie in ruhiger Weise dafür sorgt, daß dieser Wolkenstürmer nicht den Boden unter den Füssen verliert. Dank und Anerkennung sind ihm nicht fremd, so daß sie über diesen Umweg doch zu einer guten Partnerschaft gelangen kann.

Fische-Mann (20. Februar - 20. März)

Es ist erstaunlich und vielfach unbegreiflich, daß ein Fische-Mann mit der Widder-Frau so einträchtig zusammenleben kann. Das Geheimnis liegt z.T. darin, daß nur ein Fische-Mann so bereitwillig seiner energischen Partnerin die Führung überläßt und sich unterzuordnen weiß. Er begnügt sich mit der passiven Rolle, läßt sich andererseits aber von seiner temperamentvollen, tatkräftigen Widder-Frau auch gern mitreißen. Ihm, der aus seiner anhänglichen Natur heraus nach Halt und Schutz sucht, imponiert die selbstsichere Art der Widder-Frau, die im Leben mit allem fertig wird.

Auch um die materiellen Forderungen wird sich die Widder-Frau kümmern müssen, da der Fische-Mann hier eine merkwürdige Hemmung zeigt. Es scheint ihm nichts auszumachen, all die Vorrechte, die sonst dem Mann zufallen, seiner Partnerin zu überlassen.

Da er neben diesen scheinbaren Mängeln ein warmherziger Mensch ist, bei dem man sich wohlfühlen kann, da er außerdem tief und leidenschaftlich liebt, wenn auch manchmal mit »Spätzündung«, so ist eine Lebensgemeinschaft zwischen dem »wäßrigen« und dem »feurigen« Typ durchaus nicht so abwegig, wie man auf den ersten Blick annehmen könnte.

Erfolgsaussichten

der WIDDER-Männer - geb. zwischen 21. März und 20. April

Die Wesensart der männlichen Widder-Geborenen ist rauh, aber herzlich. Sie pflegen frisch von der Leber weg zu sprechen und verabscheuen jegliche Art von hinterhältigen Winkelzügen. Die Unternehmungsfreude der Widder-Typen kann bei den Männern leicht in ein Draufgängertum ausarten, ihre Waghalsigkeit kritische Situationen heraufbeschwören. Wo sie auch auftreten, ob im Berufs- oder Privatleben, überall sind sie gewohnt, die Initiative zu ergreifen. Dank ihrer zähen Hartnäckigkeit wissen sie sich in den meisten Fällen durchzusetzen.

Energie-Quellen

Eines der wesentlichsten Erfolgsgeheimnisse aller Widder-Männer liegt in ihren anscheinend unerschöpflichen Kraftreserven. Mit unverwüstlichem Elan und nimmermüder Dynamik wissen sie alle anderen mitzureißen. Diese vorwärtsdrängende Energie wird durch ihre Begeisterungsfähigkeit und praktische Einstellung vorteilhaft unterstützt. Ihre körperliche Konstitution ist ungewöhnlich widerstandsfähig, so daß sie bei einmal aufgegriffenen Projekten auch durchzuhalten vermögen.

Beziehungen zur Umwelt

Im Sprachgebrauch der Widder-Männer sind die Begriffe Anpassungsfähigkeit, diplomatisches Geschick und tolerante Nachgiebigkeit wenig beliebt. Deshalb gestalten sich ihre mitmenschlichen Beziehungen vielfach unter kämpferischen Aspekten. So wenig sie sich selbst unterzuordnen vermögen, umso mehr erwarten sie von anderen Unterwerfung. Hieraus ergeben sich ganz zwangsläufig Konfliktmöglichkeiten.

In Freundschaft, Liebe und Ehe gefährden die Widder-Männer die Verständigung mit dem Partner vor allem durch ihre herrische, vielfach herausfordernd wirkende

40

Art. Obwohl es ihnen nicht schwer fällt, sich herzlich, nett und großzügig zu zeigen, können sie in Sekundenschnelle »aus der Haut fahren« und durch harte Worte verletzen. Auch im Berufsleben macht sich der Mangel an Geduld und Selbstbeherrschung den Kollegen gegenüber oft unangenehm bemerkbar. Der Widder-Mann scheut sich auch nicht, seinen Vorgesetzten ungeschminkt die Meinung zu sagen. Hieraus entwickeln sich kritische Situationen, die sich früher oder später für ihn sehr negativ auswirken können.

Rhythmus des Lebens

eines WIDDER-Geborenen

Kindheit

Die Umwelterfassung und Umweltbeherrschung ist das Bedürfnis und Streben der Widder-Kinder. Schon das Baby weiß recht lungenkräftig die Aufmerksamkeit der Erwachsenen auf sich zu lenken. Sobald es auf allen Vieren kriechen lernt, beginnt seine erste selbständige Tätigkeit. Kaum ein anderes Kind ist so sehr darauf versessen, Erfahrungen zu sammeln, um seine Umwelt frühzeitig zu beherrschen. Es sind jene Kinder, die sich nicht gern an der Hand führen lassen, sondern allein laufen wollen. Auch in ihrem Spiel lassen sie immer wieder erkennen, daß der Führungsanspruch ein wichtiges Charaktermerkmal ist.

Schule

Ebenso unterscheiden sie sich von anderen Kindern am Tage des ersten Schulganges. Die begleitende Mutter wird nur mehr geduldet, und auf die Fragen des Lehrers wissen sie aufgeweckt zu antworten. Zunächst bleiben die jungen ABC-Schützen neutral, doch sehr bald merken die Lehrer, daß sie es hier mit jungen Menschenkindern zu tun haben, die sich keineswegs bereitwillig unterordnen. Die Kinder des Widder-Zeichens sind kleine Kampfhähne, sie wollen immer siegen, sei es auch unter erheblichen Verletzungen.

Die Schulzeit ist die erste wichtige Entwicklungsperiode im Leben der Widder-Kinder. Die üblichen Redewendungen der Erwachsenen »Du mußt« oder »Du darfst nicht« fallen bei diesem Typ auf unfruchtbaren Boden. Damit wird erst ihr Widerspruchsgeist herausgefordert. Wird aber in diesen Jahren an ihr Verantwortungsgefühl appelliert, so können diese »jungen Bäumchen« richtig wachsen. Was sie brauchen, sind Verständnis und Vorbild sowie unbestechliche Gerechtigkeit. Im allgemeinen lernt der kleine Widder sehr leicht, da er eine rasche Auffassungsgabe besitzt. Bringt man ihm nahe, daß er alles, was er lernen soll, im späteren Leben vorteilhaft verwerten kann, dürfte er es an Fleiß und Aufmerksamkeit nicht fehlen lassen.

Lehr- und Reifezeit

Die körperliche Reife, die meist schon in den letzten Schuljahren einzusetzen pflegt, führt den angehenden Lehrling, den Schüler der Oberschule in jene »Sturm- und Drangperiode«, die der Volksmund kurz als »Flegeljahre« zu bezeichnen pflegt. Lehrmeister und Erzieher müssen nun mit fester, aber geschickter Hand eingreifen, um Auswüchse zu vermeiden.

Die Wahl des Berufes kann von den Erwachsenen richtig gesteuert werden, wenn sie daran denken, daß der Widder einen starken Tätigkeitsdrang besitzt. Er ist für alle Berufe geeignet, die Kraftaufwand erfordern. Eine besondere Vorliebe zeigt sich für jene Richtungen, die mit Eisen und Stahl, schneidenden Werkzeugen und Geräten zu tun haben. Der intelligente Widder-Lehrling mag von einem späteren Posten als Meister in einem großen Stahlwerk, in der Maschinenindustrie träumen, der Oberschüler denkt an die Ehren, die ein guter Chirurg erwerben kann. Der Techniker, der Stahlbaufachmann, der Brückenbauer gehören ebenso in die Vorstellungswelt des Widder-Menschen wie der einfache Metallwerker, der Kesselschmied oder der Mann an der Drehbank, Bohr- und Fräsmaschine. Mit einem Schuß »künstlerischer Neigung« kann auch der Friseurberuf bei ihm Anklang finden. Nicht zu vergessen das Interesse, das der Widder-Typ für den Jäger, den Metzger und den soldatisch betonten Beruf besitzt.

Neben dieser Sorge um die richtige Berufswahl beginnen die Freuden und Leiden der ersten Liebe. Die frühreifen Widder-Männer in ihrer zupackenden Art neigen dazu, schon um die zwanziger Jahre eine erste Bindung einzugehen, die bald wieder bereut wird. Die Unausgeglichenheit des Charakters, die überwiegend erotisch beeinflußte Partnerwahl sind hier eine gewisse Gefahr.

Beste Jahre

Die wohl interessanteste Periode der Widder-Männer liegt zwischen dem 35. und 50. Lebensjahr. Er ist gereift, hat sich zur Selbstbeherrschung und Geduld erzogen und erntet nun die Früchte seiner geleisteten Vorarbeit. Die aufsteigende Entwicklung macht sich besonders beruflich bemerkbar. Im allgemeinen bringt das 40. Lebensjahr die ersehnte Festigung der materiellen und familiären Verhältnisse. In diesen Jahren drängt es den Widder in die Öffentlichkeit, in die Vereine oder ins politische Leben. Er ist nun auch mehr der Kritik ausgesetzt und läuft Gefahr, in Prozesse verwickelt zu werden, wenn er wie in früheren Jahren zu impulsiv und aggressiv reagiert.

Er sollte sich jetzt nach einigen zuverlässigen Freunden umsehen. Menschen des gleichen Typs sind dazu wenig geeignet. Mit dem Stier verbindet ihn im günstigen Falle sachliche Interessen. Zwillings-Typen werden vom Widder sympathisch empfunden. Der Krebs-Mensch ist ihm zu empfindlich, dagegen wird er im Löwe-Mann einen guten Freund finden, wenn er dessen Stolz und Ehrgefühl respektiert. Der Waage-Typ ist als ergänzender Typ ein guter Ausgleich, dagegen der Skorpion mit Vorsicht zu geniessen. Positiv dagegen wird der Schütze zu ihm stehen. Mit dem zurückhaltenden Steinbock kann der Widder nicht warm werden, besser versteht er sich wiederum mit den »Wassermännern«. Fische-Menschen überraschen ihn durch ihre treue Anhänglichkeit an den »Widder-Freund«.

Je besser die Freunde, umso reicher sind die Lebensjahre, die nach dem 40. Geburtstag folgen. Entspannung und Erholung im geselligen Freundeskreis sind gewissermaßen Medizin für den Widder-Mann. Er ist bisher mit seinen Kräften sehr verschwenderisch umgegangen und sollte nun sein Kräftereservoir wieder auffrischen.

Alter

Nach dem 50. Lebensjahr wird den Widder-Männern, die infolge ihrer inneren Dynamik zu den schnellebigen Typen gehören, vom Schicksal die Zwischenbilanz vorgelegt. Die ihre Kräfte zu sehr beanspruchten, können nun die ersten Erschöpfungssymptome feststellen. Die gefürchtete Managerkrankheit überfällt gerade die Widder-Männer, wie man weiß. Derartige Symptome dürfen nicht auf die leichte Schulter genommen werden. Ferner müssen die Widder-Männer genau den Vorschriften des Arztes folgen. Sind sie hier wiederum zu ungeduldig, zu leichtsinnig, so wird sich nicht nur die biologische Leistungskurve senken, sondern das bisher Erreichte wird gefährdet. Schwierigkeiten können die reiferen Jahre beeinträchtigen, die sonst einem ruhigen Lebensabend gewidmet sein sollten.

Bilanz

Widder-Männer, die auf Grund ihrer überragenden Energiereserven in Verbindung mit ihren sonstigen guten Fähigkeiten im Leben beachtliche Erfolge zu erzielen wissen, sollten sich einige goldene Lebensregeln merken: sie müssen schon in jungen Jahren mit ihren Kräften planvoll und haushälterisch wirtschaften, nicht erst dann, wenn es beinahe schon zu spät ist. Darüber hinaus gilt es, sich im Berufs- und Privatleben besser anzupassen. Auf diese Weise bleiben ihnen viel Ärger und Aufregungen erspart.

Um das 20. Lebensjahr ist eine stärkere Beherrschung der Triebkräfte ratsam, zu frühe Bindungen sollten vermieden werden, solange die wirtschaftliche Sicherheit zu wünschen übrig läßt. Wesentlich sind eine sorgfältige Überwachung des Organismus nach dem 40. Lebensjahr und ausreichende Erholungspausen.

Beste Devise:

Laß dir Zeit, entscheide nie im ersten Impuls, übereile nichts und denke an die nötige Kräfteauffrischung!

Berühmte Widder - Männer

Wernher von Braun
Wilhelm Konrad Röntgen
Emile Zola
Leonardo da Vinci
Vincent van Gogh
Francisco de Goya
Arturo Toscanini
Joseph Haydn
Johann Sebastian Bach
Benjamino Gigli
Friedrich Hebbel
Pfarrer Ludwig Heumann
Peter Alexander Ustinow

Uranus

Erfolgsaussichten

der WIDDER-Frauen - geb. zwischen dem 21. März und 20. April

Im Grunde genommen sind Widder-Frauen mit weiblichen Anlagen nicht gerade gesegnet. Ihre Unerschrockenheit und Kühnheit erweckt nicht selten die Vorstellung, daß in Wirklichkeit ein Mann an ihnen verloren gegangen sei.

Zäh in der Verfolgung ihrer Ziele, mit einem stark ausgeprägten Selbstbewußtsein gehen sie durchs Leben. Wo sie auf Widerstand stoßen, entwickeln sie einen männlich betonten Angriffsgeist, leider fast immer auf Kosten ihrer weiblichen Anmut. Stolz und Ehrgefühl sind ebenso vorhanden wie Tätigkeitsdrang und Führungswillen. So vermag die Widder-Frau die Initiative an sich zu reißen, ist aber leicht gekränkt, wenn etwas nicht nach ihrem Kopf geht. Im allgemeinen dürfte es ihr nicht schwerfallen, sich durchzusetzen.

Energie-Quellen

Mit dem für Widder-Frauen charakteristischen Tatendrang verbindet sich eine fast unerschöpfliche Energie, die sowohl physisch als auch psychisch durch die robuste Verfassung unterstützt wird. Als sogenannte Erkenntnis-Typen sehen sie das Leben mit sehr nüchternen Augen an und wissen, daß man sich den Erfolg verdienen muß. Ihre Begeisterungsfähigkeit gibt ihnen die nötigen Impulse, jenen mitreißenden Schwung, der alle Hindernisse zu überwinden vermag.

Beziehungen zur Umwelt

Im allgemeinen pflegt man zu sagen, daß Frauen doch bessere Diplomaten sind. Das dürfte aber für die Widder-Frau kaum Gültigkeit haben. Sie fragt nicht danach, ob ihr Verhalten klug oder diplomatisch ist, sondern versucht, unbekümmert um die Meinung anderer die Erfüllung ihrer Wünsche durchzusetzen.

Das macht sich sowohl im Berufs- wie auch im Privatleben oft unangenehm bemerkbar und beeinträchtigt ihre
Beziehungen zur Umwelt sehr. Beruflich mangelt es bei allen persönlichen Fähigkeiten an jener Selbstbeherrschung, an dem Takt, der erst eine Zusammenarbeit wirklich produktiv gestaltet. Da ihr jene seelische Feinfühlig-
keit fehlt, die charakteristisch ist für Weiblichkeit, überdies
auch ihr Sinn für harmonisches Familienleben nicht gerade groß ist, macht sie sich auch in der Liebe und Ehe das
Leben oft genug schwer. Besitzt der Partner nicht die Lebensklugheit und jenes Einfühlungsvermögen, das bei ihr
zu kurz gekommen ist, dann wird die Lebensgemeinschaft
auf die Dauer sehr gefährdet sein.

Rhythmus des Lebens

der WIDDER-Frau

Kindheit

Die Mütter dürften mit ihren kleinen Widder-Mädchen
manche Überraschung erleben. Sie sind ungestüm wie
Jungen. Zerrissene Kleider, Verletzungen und Beulen gehören schon im Kindesalter zum Alltäglichen. Der kleine
Trotzkopf gibt der Mutter bereits erzieherische Probleme
auf, und hier wird oft der Keim zu einer herrischen Persön-
lichkeitsentwicklung gelegt, weil man um des lieben Friedens willen allzu oft nachgibt. Deutlich zeigt sich der maskuline Einschlag im Spiel, denn Widder-Mädchen übernehmen mit Vorliebe die Führungsrolle und sind bereit,
ihre Ansichten mit den Fäusten zu vertreten, wenn jemand
zu sagen wagt, daß kleine Mädchen nichts zu befehlen haben.

Schule

Sie zeigen keine Angst, wenn der Ernst des Lebens an
sie herantritt. Die Schule ist Neuland, etwas Unbekanntes,

und das interessiert ein Widder-Mädchen immer. Aber der Erzieher muß seine Autorität richtig einsetzen, er darf ein Widder-Mädchen nicht ungerecht behandeln. Diese kleinen Dickköpfe sind schwer zu bändigen und werden immer wieder versuchen, sich aufzulehnen.

Am besten werden sich diese Sorgenkinder erziehen lassen, wenn man sie ganz individuell behandelt. Ihre Auffassungsgabe ist im allgemeinen recht gut, so daß sie mit der Verarbeitung des Lehrstoffes kaum Schwierigkeiten haben werden. Nur ihr unbekümmert-vorlautes Wesen mag manchem Lehrer zur Verzweiflung treiben. Aber da bereits bei den kleinen Widder-Repräsentanten ein ausgeprägtes Ehrgefühl vorhanden ist, lohnt sich der Versuch, auf diesem Wege Einfluß zu nehmen. Wer es gut mit ihnen meint, wird damit Erfolg haben.

Lehr- und Reifezeit

Die Berufswahl wird den Widder-Mädchen keine großen Schwierigkeiten bereiten. Da sie mit beiden Füßen auf der Erde stehen, einen gesunden Blick für die Möglichkeiten ihrer beruflichen Entwicklung besitzen, wissen sie auch sehr bald, wofür sie sich entscheiden wollen. Eine gewisse Vorliebe zeigt sich für technische oder handwerkliche Berufe.

Infolge ihrer guten körperlichen Konstitution geraten sie verhältnismäßig früh in jene Reifeperiode hinein, die sich bei den Mädchen oft in weltschmerzlichen Depressionen und launenhaften Stimmungen auszudrücken pflegt. Diese tarnen sich beim Widder-Typ unter einer besonders kratzbürstigen Widerspenstigkeit. Vielfach wird man feststellen, daß diese jungen Teenager nichts anderes im Sinn haben, als mit jungen Männern zu flirten. Obwohl Widder-Mädchen in ihrer kompromißlosen Art meist kein Talent zum Flirt haben, suchen sie wohl unbewußt ihrem mit der körperlichen Reife stärker aufkommenden Temperament auf diese Weise ein Ventil zu schaffen. Die klügsten unter ihnen entwickeln jedoch jene staunenswerte Energie und

Arbeitskraft, die ihnen bereits in den Lehrjahren einen gewissen Vorsprung verschafft.

Das Partnerproblem hat natürlich den Widder-Mädchen viel zu sagen. Da sie ihren Triebkräften leichter nachgeben, weil sie von Natur aus unbeherrscht sind, kommt es oft schon früh mehr oder weniger zu ernsthaften Bindungen. Vielleicht sind schlechte diesbezügliche Erfahrungen, die zumeist bis zum 25. Lebensjahr gemacht werden, notwendig, um die Widder-Frau endgültig zur Selbstbesinnung zu rufen. Sie entwickelt jetzt erst ihr eigentliches Persönlichkeitsgefüge und zeigt, daß sie hart im Nehmen ist.

Beste Jahre

Mit dem 25. Lebensjahr setzt eine sehr selbständige Entwicklung ein, die im Berufsleben beachtliche Erfolge auslöst. Zwischen dem 28. und 30. Lebensjahr kann vielfach die erste führende Position ausgebaut werden. Bis zum 40. Lebensjahr ist dann der Höhepunkt erreicht, den manche Widder-Frau lange zu behaupten vermag. Die ursprünglich aggressive Art hat sich bedeutend gemildert. Aus den inzwischen gemachten Lebenserfahrungen wurde gelernt. Die Widder-Frau hat begriffen, daß sich diplomatisches Verhalten besser rentiert. Vielleicht hat sie sich für den Liebesirrtum der 20er Jahre durch eine glückliche Partnerwahl entschädigen können.

Das innere Gleichgewicht ist fast erreicht und nun sieht man sich nach einem Lebenskreis um, die überschüssige Energie im privaten Bereich einzusetzen, ohne an persönlichen Nutzen denken zu müssen. Bekannte und Freunde werden sorgfältig geprüft. Ehe das 45. Lebensjahr überschritten ist, hat die Widder-Frau klare Verhältnisse geschaffen. Jetzt zeigt sie, daß sie anhänglich und umgänglich sein kann. Wenn sie auch Freundschaften mit dem anderen Geschlecht bevorzugt, so dürfte sie doch einige wirkliche Freundinnen haben, denen sie die Treue hält.

Im übrigen sind Erholungsmaßnahmen dringend notwendig geworden. Sie wird erkennen, daß man auch seine Gesundheit sorgfältig pflegen muß. Trotz aller Vitalität ist auch die Widder-Frau nicht mit einer unerschöpflichen Kraft ausgerüstet. Indessen setzt bei ihr gegen das 50. Lebensjahr oft eine erstaunliche Regeneration ein.

Alter

Zwischen 50 und 60 Jahren, die bei den Widder-Männern überwiegend als die biologischen Krisenjahre angesehen werden müssen, kann die Widder-Frau nochmals einen gewissen Höhepunkt erreichen. Sie ist sozusagen eine vollendete Lebenskünstlerin geworden, die es versteht, mit einem Minimum an Energieaufwand dennoch eine respektable Leistung zu erzielen. Die Zeit zwischen dem 60. und 65. Lebensjahr sollte allgemein einem ruhigen Tagesablauf und der inneren Vorbereitung auf den eigentlichen Lebensabend dienen. Daß damit noch kein Anlaß besteht, von einem endgültigen Kräfteabfall zu sprechen, dafür dürfte die Widder-Frau schon Sorge tragen. Ihre Energie ist immer noch vorhanden, wenn sie auch an Stoßkraft eingebüßt hat, die sie nun durch Lebensklugheit und Disziplin ersetzt.

Bilanz

Was für die männlichen Vertreter dieses Zeichens gilt, das sollte auch von den Frauen beachtet werden. Je weniger mit den Kräften in jungen Jahren Raubbau getrieben wird, umso günstiger wirkt sich das in gesundheitlicher und seelischer Hinsicht aus. Daß die in den ersten vier Jahrzehnten mangelnde Anpassungsfähigkeit viel Kummer und Leid, besonders in Liebe, Freundschaft und Ehe brachte, gehört zu den notwendigen Schicksalserfahrungen der Widder-Frauen. Die Klärung ergibt sich zwischen dem 40. und 45. Lebensjahr, wo sowohl körperlich als auch geistig-seelisch eine Umstellung erfolgt. Diese Zeit, richtig genutzt und von regelmässigen Entspannungsperioden unterstützt, wird der Widder-Frau einen nochmaligen Leistungsaufschwung zwischen 50 und 60 Jahren ermöglichen. Danach kann sie allmählich an sich selbst und ihre stillen Wünsche für den Lebensabend denken.

Beste Devise:

Denke daran, daß eine Frau nur durch ihre weiblichen Eigenschaften gewinnt, doch keinesfalls dadurch, daß sie glaubt, es mit starken Männern aufnehmen zu können.

Erfolgreiche W i d d e r - Frauen

Königin Margarethe von Dänemark
Ira von Fürstenberg
Anna Magnani
Bette Davis
Gloria Swanson
Mary Pickford
Martha Eggerth
Marika Kilius-Zahn
Lale Andersen
Debbie Reynolds
Irene Mann
Herta Staal
Brigitte Horney
Heidemarie Hatheyer
Simone Signoret

Problem Gesundheit

Schwache Punkte
in der Widerstandskraft der WIDDER-Geborenen
(21. März - 20. April)

Jeder Mensch wird im Laufe seines Daseins das Opfer von mehr oder weniger geringfügigen oder schweren Leiden bzw. Krankheiten. Wenn das gleiche Krankheitsbild häufiger wiederkehrt, ist dies ein Beweis dafür, daß der Organismus die eine oder andere schwache Stelle hat. Wird ein Leiden nicht rechtzeitig behandelt, kann diese Unterlassung Folgen für den allgemeinen Gesundheitszustand nach sich ziehen. Klugheit und Vernunft erfordern deshalb, daß man über den unersetzlichen Schatz wacht, den die Gesundheit für uns bedeutet. Dabei ist die Tatsache zu berücksichtigen, daß jeder Sterntyp eine ausgeprägte Anfälligkeit für ganz bestimmte Leiden besitzt. Für das Tierkreiszeichen Widder wird nachstehend eine Liste der speziellen Anfälligkeiten zusammengestellt. Niemand sollte vergessen, daß ohne die Gesundheit Glück und Lebenserfolg nicht denkbar sind.

Empfindlichkeitszone: der Kopf

Für den Widder-Menschen stellt der Kopf die Anfälligkeitszone für Erkrankungen dar. Außer einer ausgeprägten Neigung zur Migräne sind Nervosität, erhöhter Blutdruck, chronischer Schnupfen, Augen-, Ohren- und Nasenleiden zu erwarten. Die Zähne bedürfen einer regelmässigen zahnärztlichen Kontrolle. Haarkrankheiten können zur Kahlköpfigkeit führen. Da es dem Widder-Typ schwer fällt, den Einsatz seiner Kräfte vernünftig zu begrenzen, treten als Folge des übermässigen Energieverbrauchs organische Abnützungserscheinungen auf, die der kosmischen Disposition zufolge hauptsächlich den Kopf und seine Organe in Mitleidenschaft ziehen.

Wenn durch übertriebenen Tabak- und Alkoholgenuß ein Mangel an Kalzium auftritt, sollte dieser durch den Ge-

52

nuß von Milch und Käse ausgeglichen werden. Wegen ihres Mineralreichtums sind Obst und Gemüse sowie deren Säfte gleichfalls zu empfehlen, besonders am Morgen nüchtern genossen. Infolge seiner Vitalität und Beweglichkeit wird der Widder-Geborene selten dick, obwohl er den Freuden der Tafel nicht abgeneigt ist. Die cholerisch-impulsive Lebensintensität sollte aber zugunsten einer vorsichtigen Lebens- und Verhaltensweise eingeschränkt werden. Wichtige Entscheidungen kann man ruhig einmal überschlafen. Insgesamt möge die alte Lebensregel Berücksichtigung finden, die da lautet: Kommt Zeit, kommt Rat!

Die Ursachen der Widder-Migräne

Die Migräne, unter der der Widder-Typ ganz besonders zu leiden hat, steht meist in Zusammenhang mit Sehstörungen (Weitsichtigkeit, Kurzsichtigkeit usw.). Sie kann auch durch eine besondere Empfindlichkeit gegen Lichteinwirkung hervorgerufen werden. Zu schwaches elektrisches Licht kann genauso Ursache sein wie zu helles Licht. Auch eine längere starke Sonnenbestrahlung kann zur Migräne führen.

Der Kopfschmerz setzt das allgemeine Wohlbefinden herab und erhöht die Nervosität. Wer unter Migräne zu leiden hat, denke zuerst daran, seine Augen untersuchen zu lassen, sodann die Helligkeit der Lampen entsprechend zu regeln. Das Tragen einer dunklen Brille ist notwendig bei allen Gelegenheiten, wo die Augen zu starkem Licht künstlicher oder natürlicher Herkunft ausgesetzt sind. Migräne kann aber auch auf Verdauungsstörungen oder sonstige inneren Leiden beruhen. In diesem Falle ist unabhängig von jeder medikamentösen Behandlung eine leichtverdauliche Nahrung zu bevorzugen.

Seelisch bedingte Kopfschmerzen können durch berufliche oder familiäre Spannungen und Konflikte auftreten. Sie verschwinden wieder, sobald Eintracht und Harmonie hergestellt sind. Wer unter Kopfgrippe häufiger zu leiden hat, sollte vor allem Zugluft meiden. Auch im Bereich der Ohren und der Zähne ist ständige Kontrolle und Pflege nötig, um Erkrankungen vorzubeugen.

Neigung zu Infektionskrankheiten

Erwähnt werden muß noch die Neigung des Widder-Typs zu Infektionskrankheiten. Die Ursache ist im Raubbau des Widders an seinen Kräften zu suchen. Ein geschwächter Körper fällt einer Infektion leichter zum Opfer.

Das Widder-Zeichen nimmt aus dem Tierkreis die kosmischen Einflüsse anderer Zeichen auf, mit denen es durch Spannungen verbunden ist. Das sind vor allem Krebs, Steinbock und Waage. Die Erfahrung bestätigt, daß der Widder-Geborene im Bereich des Magens, der Leber und der Gallenblase (Zeichen Krebs), an den Nieren und den ableitenden Harnwegen (Waage) sowie im Knochen- und Blutsystem (Steinbock) verminderte Widerstandskraft zeigt.

Der Widder-Mensch reagiert bei gallig-nervöser Konstitution im allgemeinen schnell auf verordnete Heilmittel. Bei energischer Behandlung, die körperliche und seelische Gesichtspunkte gleichermaßen berücksichtigt, erholt sich der Widder auch von schweren Krankheiten meist erstaunlich schnell. Sehr wichtig ist für ihn, Herz, Milz und Leber vorsichtig anzuregen, um so den gesamten Stoffwechsel in Gang zu halten.

Pluto

Der W i d d e r

(21. März - 20. April)

- *seine Ängste*
- *seine Komplexe*
- *seine Phobien*

Angst vor allem Unbekanntem

In den Tiefen des menschlichen Unterbewußtseins lebt eine geheimnisvolle Welt, die sich von der alltäglichen Wirklichkeit, die uns umgibt, wesentlich unterscheidet . Die ultrageheimen Archive unseres Gehirns haben eine Unzahl von psychischen Verdrängungen registriert, die als Ängste, Komplexe und Phobien (ohne daß eine wirkliche Gefahr besteht) immer wieder auftreten. Sie können Leben und Erfolg stark beeinträchtigen.

Trotz Tapferkeit - Rückzug vor der Gefahr

Auf den ersten Blick scheint der unter dem Widder-Zeichen Geborene gepanzert zu sein gegen alle Ängste, Phobien und Phantasievorstellungen. Denn er liebt den Kampf, um die Hindernisse zu überwinden, allerdings unter der Voraussetzung, daß er gegen sichtbare Widerstände und faßbare Gegner antreten kann. Ist das nicht der Fall, dann wird der Widder-Mensch meist versuchen, der Auseinandersetzung aus dem Wege zu gehen. Damit sind wir bereits bei dem schwachen Punkt des Widder-Typs. In ihm sitzt nämlich die tiefe Furcht, einer undurchschaubaren gegnerischen Strategie nicht gewachsen zu sein, einem feindlichen Verhalten, das die List dem offenen Kampf vorzieht.

Der Widder-Mensch wird durch alles beunruhigt, was ungewohnt, ihm unbekannt oder unverständlich erscheint. Unklare Situationen erregen Unsicherheit und Angst in ihm. Er zieht es dann vor, den Rückzug anzutreten, um sich nicht der Gefahr auszusetzen, zu unterliegen.

Dem so kühn und tapfer erscheinenden Widder-Geborenen sind tiefwurzelnde Ängste und Phobien eigen, bei denen auch die Furcht steht, seine über alles geliebte Unabhängigkeit zu verlieren. Der Widder-Typ ist ein Ich-Mensch, unter allen nur denkbaren Umständen bemüht, stets die erste Rolle zu spielen. Sobald diese in Frage gestellt, seine Freiheit beschränkt ist und ihm Verantwortung und Disziplin auferlegt werden, überfällt ihn ein Gefühl, das nicht weit von Panik entfernt ist. Er ist dann kaum noch Vernunftgründen zugänglich.

Außerdem ist unter den Widder-Typen die Angst vor dem Gefühl weit verbreitet, sich allein und verlassen zu sehen. Widder-Menschen führen nur selten ein einsames Leben. Dennoch findet man unter ihnen häufig Vertreter eines Lebensstils, den man als den eines »verheirateten Junggesellen« bezeichnen könnte. Er gibt auch in der Ehe nur widerstrebend die Freiheiten auf, die er als Junggeselle genoß.

Edelsteine als Glücksbringer

Seit der Mensch den Gesetzen nachspürte, die magisch sein Schicksal beeinflussen, bemühte er sich um die Erkenntnis, unter welchen Voraussetzungen die geheime Kraft der Amulette in seinem Dasein wirksam werden kann.

Bei den Chaldäern, Indern, Hebräern, Ägyptern und anderen alten Völkern waren es die Priester, auch Magier genannt, die das Geheimnis kannten, wie magische Kräfte der Gestirne mittels stark wirksamer magischer Riten in die jeweiligen Steine zu bannen waren.

Träger siderischer Kräfte

Die Namen der Edelsteine sind schon sehr alt. Sie waren vor 2000 Jahren bereits die gleichen wie heute. Uralt ist auch der Glaube, daß Edelsteinen eine geheimnisvolle Wirkung innewohnt, so daß sie als Träger siderischer Kräfte in der Lage sind, ihrem Besitzer Glück oder Unglück zu bringen.

Es ist bekannt, daß Farben und Tonschwingungen bei allen materiellen Dingen am vollkommensten in Edelsteinen vorkommen. Dies mag die alten Mystiker bewogen haben zu lehren, daß Edelsteine die Kraft besäßen. die Ausstrahlungen der Planeten anzuziehen und eine Harmonie herzustellen - zwischen den Eigenstrahlungen und den Planetenschwingungen. Dieser geheimnisvollen Kräfte wegen werden Edelsteine auch als Talismane und Amulette getragen. Allerdings wirken Naturkräfte nur in Natursteinen und nicht in gewissen Nachahmungen und synthetischen Produkten.

Die okkulte Lehre besagt, daß jeder Stein auf den Träger, auf dessen Wesensart und Temperament, abgestimmt sein muß. Jeder Stein soll frei sein von fremden Ausstrahlungen, da Schutz- und Heilkraft verlorengehen, wenn andere Menschen ihn lange getragen haben. Jedes Tierkreiszeichen hat seine Glückssteine, die immer getragen, dem Betreffenden Hilfe in Not und Schutz gegen Anfeindungen bescheren sollen. Diese Glückssteine wurden zu Symbolen, die sich im Laufe der Jahrhunderte durchsetzten.

Der Blutstein schützt den Widder vor Gefahren

Der Blutstein oder Jaspis-Heliotrop, eine Abart des grünen Jaspis, ist rot gepunktet. Der Wert des Steines ist umso größer, je schöner rot die Punkte sind. Über diesen Stein gibt es eine Legende, die die geheimnisvoll-magischen Kräfte des Steines zu erklären weiß:

Es wird berichtet, daß bei Christi Kreuzigung ein grüner Jaspis am Fuße des Kreuzes gelegen habe, auf den das Blut aus den fünf Wunden des Heilands herabgetropft sei. Diese Tropfen seien für immer in den Stein imprägniert worden.

Zahlreiche Siegel und Amulette, die uns noch aus der Zeit der alten Babylonier erhalten geblieben sind, beweisen, daß der Jaspis-Heliotrop bereits damals in hohem Ansehen stand. Auch die Ägypter trugen Ringe mit Blutsteinen an ihrem Daumen. Am Daumen wohl deshalb, weil dieser astrologisch vom Planeten Mars beherrscht wird, der zugleich der beherrschende Planet des Zeichens WIDDER ist.

Der Blutstein gilt als der Talisman der Soldaten. Man sagt von ihm, daß er Mut verleihe und vor Gefahren schütze.

Heilkräfte im Blutstein

Auch heilende Kräfte werden diesem Stein zugesprochen. Deshalb fand er vielfach in der Medizin Verwendung. Die Blutung einer Wunde konnte durch ihn zum Stillstand gebracht werden.

Die moderne Medizin bestätigt diese alte Lehre inso-
fern, als sie aus dem Blutstein ein Oxyd gewinnt, das bei
langanhaltenden Blutungen angewandt wird. In Indien legt
man noch heute auf blutende Wunden einen in Wasser ge-
tauchten Blutstein, um so das Blut zum Stillstand zu bringen, bis der Arzt sich des Verwundeten annehmen kann.

Als schmerzstillendes Amulett soll der Blutstein - an
einer Schnur um den Hals getragen - die Magengrube be-
rühren, um Magenschmerzen und Magenblutungen zu stillen. Er stärkt auch einen schwachen Magen und fördert die
Verdauung. Außerdem soll er gegen Übelkeit helfen.

Als Schutzstein für den Widder-Menschen gilt aber
auch der Diamant. Schon die Alten lehrten, daß der Diamant im Kampf gegen das Böse der mächtigste aller Juwe-
len sei. »Man soll einen Diamanten an der linken Hand tragen, weil er dort von größerer Wirksamkeit ist...« heißt es in
alten Legenden.

Von WIDDER bis FISCHE:

Planeteneinflüsse im Zeichen der Tierkreise

Die Planeten beherrschen auch die Wochentage

Der ständige Wechsel, der sich zwischen den Stellungen der Planeten vollzieht, ist eine der Ursachen für gewisse Schwankungen im Gefühls- und Verstandesleben des Menschen. Jedem Planeten wird eine besondere Wirkung nachgesagt. Die Astrologie kennt folgende neun Planeten, wobei Sonne und Mond im allgemeinen nicht gezählt werden, so daß man meist nur von sieben Planeten spricht:

Sonne und Mond, sie sind die Lichter des Lebens.
Jupiter und Venus gelten als die Glücksplaneten.
Mars und Saturn sind die Planeten des Unglücks.
Merkur - Planet des Verstandes.
Uranus - Planet der Unrast.
Neptun - Planet der Geheimnisse.
Venus ist bekanntlich auch der Planet der Liebe. Und Mars, der Unglücksbringer, gilt im übrigen als Planet der Kraft, der Energie und des Krieges.

Da die Planeten auch auf die einzelnen Wochentage einen gewissen Einfluß haben, ergibt sich in diesem Zusammenhang folgende Übersicht:

Montag   steht unter dem Zeichen des Mondes
                    und des Neptun

Dienstag   im Zeichen des Mars

Mittwoch   im Zeichen des Merkur und des Uranus

Donnerstag   im Zeichen des Jupiter

Freitag   im Zeichen der Venus

Samstag   im Zeichen des Saturn

Sonntag   im Zeichen der Sonne

Den einzelnen Planeten werden folgende Tierkreiszeichen zugeordnet:

Die Sonne regiert das Tierkreiszeichen Löwe (23.7.-23.8.)

Der Mond regiert den Krebs (22.6.-22.7.)

und die Fische (20.2.-20.3.)

Merkur regiert die Jungfrau (24.8.-23.9.)

und die Zwillinge (21.5.-21.6.)

Mars ist der Beherrscher des Widder (21.3.-20.4.)

und des Skorpion (24.10.-22.11.)

Venus regiert die Waage (24.9.-23.10.)

und den Stier (21.4.-20.5.)

Jupiter beherrscht die Fische (20.2.-20.3.)

und den Schützen (23.11.-21.12.)

Saturn regiert über Steinbock (22.12.-20.1.)

und Wassermann (21.1.-19.2.)

Auch Uranus beeinflußt den Wassermann (21.1.-19.2.)

Neptun regiert über Fische (20.2.-20.3.)

und Krebs (22.6.-22.7.)

Wie man sieht, werden einige Tierkreiszeichen von verschiedenen Planeten beherrscht. Merkur hat die Rolle des Vermittlers unter den Planeten. Merkur war schon in der Sagenwelt der römischen Antike der geflügelte Götterbote, der für den gerechten Ausgleich sorgt.

Hier die Wirkungen, die die einzelnen Planeten auf den Menschen haben:

Die *Sonne* ist die schöpferische Natur. Menschen in ihrem Zeichen sind optimistisch, gesellig und verfügen über viel Gemeinschaftssinn. Sie bringen es meist zu hohem Ansehen. Ungünstige Einflüsse anderer Planeten können aus ihnen Nörgler und Despoten machen.

Der *Mond* verleiht Gemütstiefe und Einfühlungsvermögen. Die von ihm regierten Menschen sind oft sehr empfindlich und labil. Unter negativen Planeteneinflüssen können sie launisch und pessimistisch werden.

Merkur gilt als Planet der Künstler, insbesondere der Lebenskünstler, die zwischen den Parteien stehen. Merkur-Menschen haben schriftstellerische oder sonstige künstlerische Talente. Unter schlechter Bestrahlung anderer Planeten werden sie unzuverlässig und unehrlich.

Mars vermittelt männliche Charaktereigenschaften. Die ihm unterstehenden Menschen wollen oft mit dem Kopf durch die Wand. Sie sind zäh und unnachgiebig. Im ungünstigsten Fall sind diese Menschen rücksichtslos, triebhaft und neigen zu einem ausschweifenden Lebenswandel

Venus symbolisiert das weibliche Element. Venus-Menschen sind immer etwas zart besaitet und vertragen keinen scharfen Ton. Sie sind liebenswürdig und herrlich. Wenn andere Planeten sie ungünstig bestrahlen, werden sie leichtsinnig und verlieren manchmal den moralischen Halt.

Jupiter ist der Planet der Philosophen. Seine Menschen verfügen über Weisheit und Lebenserfahrung, die sie anderen gern mitteilen. Sie sind friedliebend und hilfsbereit. Unter ungünstigen kosmischen Einflüssen werden sie manchmal zu Scheinheiligen.

Von *Saturn* beherrschte Menschen sehen meist alles etwas grau in grau. Sie werden mit der Zeit leicht zu Sonderlingen und Einzelgängern. Kommt eine ungünstige Bestrahlung hinzu, so entwickelt sich eine Neigung zu Mißtrauen und Kritiksucht.

Uranus ist der Planet der Menschen mit dem »Zweiten Gesicht«. Sie sehen mehr als die anderen und haben einen

Hang zum Okkulten und zum Spiritismus. Es sind Menschen mit gutem Geschmack, der allerdings bei ungünstiger Bestrahlung in das Gegenteil umschlagen kann.

Neptun hat starken Einfluß auf das Gefühlsleben. Neptun macht sensibel und verleiht oft künstlerische Neigungen. Auch mediale Veranlagungen werden durch ihn gefördert, so daß sich bei den von Neptun beherrschten Menschentypen meist ein Hang zum Okkulten zeigt.

Astrologische Typenlehre:
- Feuer
- Wasser
- Luft
- Erde

Die Elemente in ihrer Wirkung auf die Tierkreiszeichen

Nach uralten von der modernen Astrologie anerkannten Richtlinien bestehen zwischen den einzelnen Tierkreiszeichen gewisse innere Zusammenhänge entsprechend ihrer Einreihung in eines der vier Elemente: Feuer - Wasser - Luft - Erde. Danach werden je drei im Wesen verwandte Zeichen zusammengefaßt.

1. Die Feuerzeichen:
- WIDDER (21.3.-20.4.)
- LÖWE (23.7.-23.8.)
- SCHÜTZE (23.11.-21.12.)

Diese drei männlich-aktiven Feuerzeichen entsprechen dem cholerischen Temperament, das sich in schneller Reaktion und in starker Willenskraft äußert. Hier finden wir den impulsiv handelnden Menschen, der seine Energie spontan einsetzt, Mut und Kühnheit beweist und meist einen starken Glauben in sich trägt.

Bei Menschen, die noch nicht genug Selbstkontrolle besitzen und solche, die noch nicht viel Erfahrungen im Leben gesammelt haben, zeigt sich oft ein Hang zu unbeherrschter Heftigkeit und Gewalttätigkeit. Sie handeln ungeduldig, unvorsichtig und tollkühn, sehr übereilt und leichtgläubig.

2. Die Erdzeichen:
- STIER (21.4.-20.5.)
- JUNGFRAU (24.8.-23.9.)
- STEINBOCK (22.12.-20.1.)

Diese drei weiblich-passiven Erdzeichen entsprechen dem melancholischen Temperament, das sich in einer langsamen, stark nachhaltigen Reaktionsweise bei sehr irdischen Bestrebungen und Neigungen äußert. Hier finden wir Menschen, die - wenn sie nicht gereizt werden - Ruhe und Gelassenheit ausstrahlen, die treu und beharrlich sind und nie die Vorsicht außer acht lassen.

Wo die irdische Verbundenheit über den Geist triumphiert, überwiegt eine starke materielle Veranlagung. Meist ist auch ein Hang zum bequemen und guten Leben vorhanden. Der Unternehmungsgeist ist nicht allzu groß. Aus Vorsicht wird oft übertriebene Ängstlichkeit gezeigt. Es besteht eine starke Neigung zu Eigensinn und Trotz.

3. Die Luftzeichen:
- ZWILLINGE (21.5.-21.6.)
- WAAGE (24.9.-23.10)
- WASSERMANN (21.1.-19.2.)

Diese drei männlich-aktiven Luftzeichen entsprechen dem sanguinischen Temperament, das eine schnelle, aber nicht sehr nachhaltige Reaktion zeigt. Menschen dieser Tierkreiszeichen sind stark beeinflußbar und fallen durch ihre lebhafte Art und große Anpassungsfähigkeit auf. Sie können alles rasch in sich aufnehmen und haben im allgemeinen ein sehr verbindliches Wesen. Wo ihre Entwicklung Störungen unterlag, finden wir nervöse Unruhe und große Labilität.

Diese Menschentypen sind meist leicht ablenkbar. Es fehlt ihnen häufig an Ausdauer. Sie greifen gern zu Ausflüchten, wenn eine schnelle Entscheidung von ihnen verlangt wird.

4. Die Wasserzeichen:

- KREBS (22.6.-22.7.)
- SKORPION (24.10.-22.11.)
- FISCHE (20.2.-20.3.)

Diese drei weiblich-passiven Wasserzeichen entsprechen dem phlegmatischen Temperament, das sich in langsamen Reaktionen äußert. Bei diesen Menschen ist die Phantasie reich entwickelt. Eine starke Gefühlsbetonung macht besonders empfänglich für äußere Einflüsse, sie neigen zur Verträumtheit. Eine passive Ruhe wird ausgestrahlt, wie überhaupt das Passive überwiegt. Nicht selten sind Phlegma und Bequemlichkeit übermässig betont. Daneben zeigt sich einerseits eine Neigung zu Gefühlsüberschwang und andererseits zu übermässiger Empfindlichkeit, die oft zur Flucht in die Krankheit führt. Der Weg des geringsten Widerstandes wird im allgemeinen vorgezogen.

Persönlichkeiten von einst
und heute
unter dem Tierkreiszeichen
WIDDER

(21. März bis 20. April)
Ihr Horoskop und ihr Weg

Giovanni Casanova - der Held der großen Liebesabenteuer

(geb. 2. 4. 1725)

Im Horoskop des wagemutigen Abenteurers und Liebeshelden, Giovanni Jacopo Casanova de Seingalt, geboren am 2. April 1725 in Venedig, steht die Widder-Sonne auf hohe Einnahmen hin. Jedoch besteht die Gefahr, daß die erworbenen Reichtürmer infolge gewagter Spekulationen von heute auf morgen wieder verschwinden. Auch die günstige Trigonverbindung zwischen Uranus und Jupiter deutet an, daß bedeutende materielle Gewinne erzielt werden. Tatsächlich hat Casanova im Spiel enorme Summen gewonnen und auch wieder verloren.

Der kriegerische Mars steht im Horoskop genau in der Mitte zwischen Venus und Jupiter. Diese Konstellation führt zu heftiger Leidenschaft und einem daraus erwachsenden unruhevollen Leben, in dem die Liebe die Hauptrolle spielt.

Daß viele Liebesabenteuer Casanovas ein plötzliches und unharmonisches Ende fanden, ist auf die Mond-Neptun-Opposition zurückzuführen. Menschen mit dieser Konstellation wissen häufig nicht zu unterscheiden zwischen Phantasie und Wirklichkeit. Sie steigern sich in eine falsche Romantik hinein und belügen nicht nur andere, sondern mehr noch sich selbst. Die Jagd nach Sensationen stürzt sie in gefahrvolle Abenteuer.

Die Mond-Neptun-Opposition macht in der Wahl der Mittel nicht kleinlich. So wirft man Casanova vor, er habe der Marquise Jeanne d'Urfe im Laufe der Jahre rund eine Million Gold-Francs entlockt und mit diesem Geld ein ausschweifendes Leben geführt. Die alternde Marquise d'Urfe aber beschäftigte sich mit mystisch-magischen Experimenten; Casanova sollte - und deshalb gab sie ihm das viele Geld - ihre Seele in den Körper eines neugeborenen Knaben verpflanzen.

Die Merkur-Pluto-Opposition im Geburtsbild gilt sogar als Zeichen für Betrug und Hochstapelei.

Als Widder-Geborener war Casanova ein unerschrockener Streiter auf dem Schlachtfeld der Liebe. Mehrmals beehrten ihn seine Geliebten mit peinlichen Andenken, die mit den unvollkommenen Mitteln der damaligen Zeit nicht endgültig auskuriert werden konnten. Casanova dachte an diese unangenehmen Erlebnisse zurück wie ein Soldat an die während der Schlachten erlittenen Verwundungen.

Im Horoskop erscheinen vier Planeten im Zeichen Fische. Dadurch verbanden sich bei ihm Abenteuerlust und Leidenschaft mit Empfindsamkeit, Einfühlungsvermögen in die weibliche Psyche und dem starken Drang, Liebe und Zärtlichkeit zu schenken.

Für Casanova war eine Frau nicht nur ein Werkzeug der eigenen Lust, sondern er bemühte sich auch, Leidenschaft zu wecken. Bei Casanova vereinigten sich Aktivität und Angriffslust der Widder-Sonne mit einem fast femininen Einfühlungsvermögen in die feinsten Regungen des Frauenherzens, das durch die starke Besetzung des Fischezeichens hervorgerufen wurde. Casanova konnte mit den Frauen lachen und mit ihnen weinen. Am Ende aber brach immer der Einfluß der Widder-Sonne durch: Er ging zum Angriff über und verscheuchte die weiblichen Sorgen und Beschwerden auf seine sehr männlich-leidenschaftliche Art.

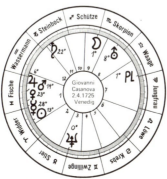

Fürst Otto von Bismarck - Begründer des zweiten Deutschen Reiches

(geb. 1. 4. 1815)

Zu den bekanntesten Persönlichkeiten, bei deren Geburt die Sonne im Marszeichen Widder stand, gehört Otto von Bismarck, der Begründer des zweiten Deutschen Reiches, geb. 1.4.1815, 13 Uhr 30, in Schönhausen. Bismarck war ein Tatmensch, der sich getrieben fühlte, die Führung zu übernehmen und sich durchzusetzen. Da in seinem Horoskop die Sonne im 9. Hause stand, das auf Kontakte zum Ausland hinweist, mußte sich Bismarcks Machtstreben - nachdem er die diplomatische Laufbahn ergriffen hatte - vorwiegend gegenüber Preußens Nachbarn auswirken.

Je nach Geburtsstunde ergeben sich infolge des alle zwei Stunden erfolgenden Wechsels des aufgehenden Tierkreiszeichens am östlichen Horizont (Aszendent) zwölf verschiedene Widdertypen. Da zur Stunde der Geburt Bismarcks das Zeichen Löwe im Osten aufging, spricht man bei Bismarck von einem Widder-Löwe-Typ, wobei das Widderzeichen den Sonnenstand und das Löwezeichen die Stunde der Geburt angibt.

Die Kombination Widder-Sonne und Löwe-Aszendent weist auf starke seelische Spannungen hin, die tatsächlich Bismarcks Wesen charakterisieren. Der Widder-Typ ist draufgängerisch und schreckt auch vor Rücksichtslosigkeit nicht zurück, wenn ein gestecktes Ziel erreicht werden soll.

Dagegen lehnen Menschen mit Löwe-Aszendent jegliche offene Gewalttat ab und versuchen, viel auf friedliche Weise zu erreichen. So bemühte sich auch Bismarck vor dem Kriege von 1866, zu einer friedlichen Verständigung mit Österreich zu gelangen und wäre mit einer Teilung Deutschlands in eine nördliche Machtsphäre (unter Preußens Vorherrschaft) und eine südliche (unter der Oberhoheit Österreichs) zufrieden gewesen. Erst als die Pläne scheiterten, stellte er sich auf Krieg ein.

Nach dem Sieg bei Königgrätz gelang es Bismarck nach verzweifelten Bemühungen, den preußischen König und seine Generäle davon abzuhalten, als Sieger in Wien einzumaschieren und Österreich zu Gebietsabtretungen zu zwingen, die zwischen beiden Staaten Grundsteine neuer Feindschaft gelegt hätten. So wirkte Bismarck zwar gewaltvoll und energisch, aber er war in erster Linie der ehrliche Makler, der sich um die Erhaltung des Friedens in Europa bemühte.

Im Horoskop weist die Venus am Medium Coeli, der Spitze des Berufshauses, auf Ehren und Auszeichnungen hin. Bismarck besaß einen sehr scharfen Verstand (Merkur Konjunktion Pluto), seine Gedankengänge waren häufig genial (Sonne Trigon Uranus), er war prädestiniert für gewagte, aber glücklich auslaufende Unternehmungen (Mars Trigon Jupiter), dabei war er ein fleißiger und zuverlässiger Arbeiter (Sonne Sextil Saturn). Im Essen und Trinken war er unbeherrscht und neigte zur Schlemmerei (Jupiter Opposition Sonne). In jüngeren Jahren hatte der »tolle Bismarck« manche aufregende Liebeserlebnisse (Mars Quadratur Venus).

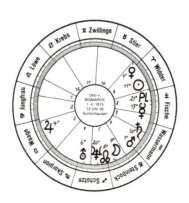

Erich Ludendorff - der Schlachtenführer auf Irrwegen

(geb. 9. 4. 1865)

General Erich Ludendorff, geb. 9.4.1865 in Kruszewnia bei Posen, ist vielen älteren Deutschen in Erinnerung als der erfolgreiche Leiter der Abwehrschlachten im Osten während des ersten Weltkrieges. Zwar ist Hindenburg als der Sieger von Tannenberg in die Geschichte eingegangen. Aber als Generalstabschef der von Hindenburg befehligten 8. Armee hatte in Wirklichkeit Ludendorff alle wichtigen Entscheidungen zu treffen.

Als Hindenburg 1916 den Oberbefehl über die gesamten Landstreitkräfte erhielt, wurde ihm wiederum Ludendorff beigegeben. Praktisch wurde Ludendorff 1916 der Leiter der Gesamtkriegsführung zu Lande, bis er am 26. Oktober 1918 seinen Abschied nehmen mußte, als die Regierung des Prinzen Max von Baden die Forderungen Wilsons bedingungslos annahm.

Dem Horoskop nach erscheint Ludendorff als ein Mann von großer Willenskraft, Energie, Zähigkeit und Ausdauer. Starkes Selbstvertrauen paart sich hier mit persönlichem Mut. Die Widder-Sonne bildet ein Sextil zu Uranus, das auf strategisch richtige Entschlüsse hinweist. Entscheidend gestärkt aber wird die Widder-Sonne durch das Trigon zwischen Saturn und Uranus. Dieser Aspekt macht auch hart und streng gegen sich selbst wie gegen andere.

Wie bei Bismarck, so steht auch in Ludendorffs Horoskop Merkur in enger Konjunktion mit Pluto. Diese Konstellation verleiht einen überaus scharfen Verstand. Bismarck und Ludendorff verfügten über einen großen Weitblick. Sie wirkten überzeugend und setzten ihre Meinung durch.

Während Bismarck nach 1871 ein treuer Diener des Herrscherhauses bleiben konnte, fand sich Ludendorff nach 1918 in einer ganz anderen Situation. Er stellte sich gegen die heute staatliche Ordnung und nahm im November 1923 an Hitlers Marsch zur Feldherrnhalle teil.

1926 gründete er den Tannenbergbund, der sich die Bekämpfung der überstaatlichen Mächte als Ziel gesetzt hatte. Diese Auflehnung Ludendorffs »gegen Regierung und Gesetz« wird im Horoskop durch die Opposition von Jupiter und Uranus zum Ausdruck gebracht.

Dieser Aspekt wird negativ gedeutet. Er verrät dem eingeweihten Astrologen, daß Ludendorffs politische Bestrebungen zum Scheitern verurteilt waren.

Im Geburtsbild steht der Mond in Opposition zu Neptun. Diese Neptun-Opposition bringt die Gefahr mit sich, daß jemand fanatischen und verworrenen Gedankengängen folgt und Täuschungen zum Opfer fällt. Da der Mond im männlichen Horoskop auch die Ehefrau symbolisiert, deutet diese Konstellation ferner an, daß der Geborene von seiner eigenen Frau sehr ungünstig beeinflußt wird.

Tatsächlich war es wohl Ludendorffs zweite Frau Mathilde zuzuschreiben, daß er ähnlich wie der Nationalsozialismus für eine »artgemäße deutsche Gotterkenntnis« eintrat.

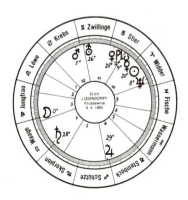

Hans Christian Andersen - der verträumte Märchen-Dichter

(geb. 2. 4. 1805)

Der dänische Dichter Hans Christian Andersen, geb. 2. April 1805 in Odense, der als Verfasser der nach ihm benannten Märchen in Deutschland bekannt geworden ist, war der Sohn eines armen Schuhmachers . Nach dessen Tode schickte ihn die Mutter 1819 nach Kopenhagen, wo er unter vielen Entbehrungen schließlich Gönner fand, die auf ihn aufmerksam wurden. Schon während seiner Gymnasialzeit erregte er Aufsehen durch einige Gedichte.

1828 begannen seine zahlreichen Reisen, die ihn nicht nur durch Europa, sondern bis nach Kleinasien und Afrika führten. 1861 besuchte er Rom zum vierten Male, 1862 hielt er sich in Spanien und Nordafrika auf.

Diese Reisen regten Andersen zu zahlreichen Erzählungen und Romanen, zu Gedichten und Schauspielen an. Den Höhepunkt seines Schaffens bildeten die »Märchen«, in denen er seiner Phantasie freien Lauf lassen konnte.

Im Horoskop stehen Sonne und Merkur im Zeichen Widder sehr eng nebeneinander. Diese Merkur-Sonnen-Konjunktion findet man auch bei anderen bedeutenden Schriftstellern (z.B. Françoise Sagan). Bei Andersen wird die Widder-Sonne bedroht durch eine Opposition des Planeten Saturn. Dies ist ein Hinweis auf die sehr ärmlichen Verhältnisse in den Jugendjahren, verrät aber auch, daß Andersen sehr schwer kämpfen mußte, um zu Glück und Erfolg zu gelangen.

Das Trigon zwischen Venus und Neptun in seinem Geburtsbild ist ein ausgesprochener Künstler-Aspekt, der Andersen zu bedeutenden Leistungen befähigte. Diese Konstellation verrät auch, daß der Junggeselle Andersen von tiefer Zuneigung zu hochstehenden Frauen beflügelt wurde und daraus sehr viel dichterische Kraft schöpfte.

Bekannt wurde seine schwärmerische Zuneigung für die damals sehr berühmte schwedische Sängerin Jenny Lind (geb. 6.10.1820 in Stockholm), die Andersen tief verehrte. Die Waage-Sonne bei Jenny Lind stand in Opposition zur Widder-Sonne Andersens.

Diese Sonnen-Opposition führt bei Personen verschiedenen Geschlechts häufig zu geistigen Anregungen und Inspirationen, aber selten zu einer Ehe im alltäglich-bürgerlichen Sinn.

In Deutschland ist Andersen als der verträumte Märchen-Dichter bekannt geworden. Das Mars-Jupiter-Trigon in seinem Horoskop weist im Gegensatz dazu hin auf einen unerschrockenen Kämpfer für Recht und Gerechtigkeit. Dieses Trigon ist ein Anzeichen für erfolgreiche Unternehmungen, die tatkräftig in die Wege geleitet werden. Andersen hatte eine sehr vornehme Gesinnung und setzte sich mutig für jene ein, die der Hilfe bedurften.

Mars (Löwe), Aszendent (Schütze) und Geburtssonne (Widder) stehen bei Andersen in einem Feuerzeichen. Andersen erscheint als Beispiel des vergeistigten Widder-Typs. Er errang seine Erfolge auf dem Gebiet der Dichtkunst, während Männer wie Bismarck oder Ludendorff auf dem Gebiet der Politik oder auf dem Schlachtfeld ihren Mann stehen mußten.

Sonja Henie - die geniale Eiskunstläuferin

(geb. 7./8. 4.1912)

Die Eiskunstläuferin Sonja Henie, die vielfache Welt-meisterin, geb. 7.-8.4.1912 (nachts) in Oslo, war beseelt von der unerschrockenen kämpferischen Einsatzbereit-schaft, die vielen Widder-Menschen zueigen ist.

Wie im Horoskop H.Chr. Andersens, so findet sich auch in ihrem Horoskop das Trigon zwischen Venus und Neptun, das auf erfolgreiche künstlerische Tätigkeit hin-weist. Mut und Ausdauer, ihr Lebensziel zu erreichen, gab ihr die Mond-Mars-Opposition. Fast in jedem Horoskop eines erfolgreichen Menschen findet sich eine spannungs-geladene Planeten-Opposition. Erfolgsmenschen werden durch innere Spannungen zu ihren Leistungen angetrie-ben. Sie müssen sich »abreagieren«, indem sie Großes und Bedeutendes vollbringen.

Sonja Henie starb früh an Leukämie. Der Tod erreichte sie im Flugzeug im Alter von 57 Jahren - auf dem Heimweg in ihre Geburtsstadt Oslo. Ihrem dritten Mann hatte sie ver-heimlicht, wie sehr sie gesundheitlich gefährdet war. Im Geburtsbild stand Uranus in unheilvoller Quadratur zu Merkur.

Als Sonja Henie nach zwölfjähriger Karriere als Ama-teurläuferin ungeschlagen ihren Nachfolgerinnen Platz machte, trat sie in Eisrevuen auf, gründete selbst eine Show und gelangte so auch zu großem finanziellen Erfolg. Im Geburtsbild wird dieser Lebenserfolg deutlich gemacht durch das Trigon der Geburtssonne im Widder zu Jupiter im Schützen.

Da der durch Uranus gefährdete Merkur im Horoskop Herr des Ehehauses war, mußte Sonja Henie von vorn her-ein mit Ehescheidungen rechnen, obwohl jede Ehe für sie eine Förderung darstellte. So verbanden sie mit ihrem zweiten Mann, dem norwegischen Reeder Nils Onstad, ge-meinsame künstlerische Interessen. Berühmt wurde die

Kunstsammlung dieses Ehepaares, die hauptsächlich aus namhaften Gemälden französischer Meister bestand.

Fleiß und Ausdauer bedeuteten bei ihr beinahe noch mehr als Genialität. Nicht umsonst heißt es: »Genie ist Fleiß« Sonja Henie besaß diese Charaktereigenschaft in vollem Maß (Mars Konjunktion Pluto).

Anläßlich ihres Todes schrieb man im Oktober 1969 über sie: »Das Geheimnis ihres Erfolges lag ebensosehr in ihrem technischen Können wie in ihrer persönlichen Ausstrahlung. Sie war streng gegenüber sich selbst und ihrer Kunst auf dem Eise. Ihre große Stärke lag im Kürlaufen, dem freien Vortrag, wo sie ihren Charme, ihre Eleganz und Beschwingtheit voll zur Geltung bringen konnte. Ihr Lauf war weich und gelöst, ihre Bewegungen voll Anmut, die Sprünge von größter Exaktheit.

Von dem zierlichen Persönchen mit der kecken Stupsnase und dem Puttengesicht, das von den beiden Grübchen in den Wangen noch anziehender gemacht wurde, ging ein Fluidum aus, das nur wenigen Eiskunstläuferinnen zu eigen war.«

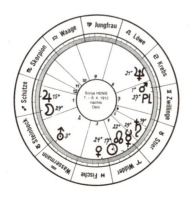

Wilhelm Busch - der Vater von »Max und Moritz«

(geb. 15. 4. 1832)

Oft haben Widder-Naturen eine hohe Auffassung von Liebe und Ehe. Sie verzichten dann häufig auf eine Heirat, weil das Ideal nicht gefunden wurde. Hinzu kommt das starke Unabhängigkeitsbedürfnis des Widder-Geborenen. Ein charakteristisches Beispiel hierfür ist der bekannte humoristische Zeichner und Dichter Wilhelm Busch, geb. 15. April 1832, Wiedensahl in Hannover, dessen Werke (Max und Moritz, Hans Huckebein, Der Unglücksrabe, Die fromme Helene, Der heilige Antonius von Padua, Pater Filucius und viele andere) in ungezählten Auflagen erschienen sind.

Bei Wilhelm Busch fällt die starke Besetzung des 12. Hauses auf, das auf ein zurückgezogenes Leben hinweist, das von Besinnlichkeit erfüllt ist. Obwohl Wilhelm Busch die Polytechnische Schule in Hannover und die Akademien zu Düsseldorf, Antwerpen und München besuchte, verbrachte er doch den größten Teil seines Lebens in seinem Geburtsort Wiedensahl im Kreise seiner engsten Verwandten.

Der Planet Saturn im Liebeshause deutet auf Verzicht und Opferbereitschaft, aber auch auf Ablehnung der Frauen hin. Als der Pfarrer von Wiedensahl, der Mann seiner Schwester Fanny, 1878 starb, zog Wilhelm Busch mit seiner Schwester und deren drei Söhnen in das behaglich eingerichtete Pfarrwitwenhaus. Sein Neffe schrieb darüber: »In diesem Heim und seiner Wohnlichkeit und Winkelei haben meine Mutter und der Onkel 20 Jahre lang gehaust. Wir Jungens verlebten regelmäßig den größeren Teil der Ferien zuhause.«

Wilhelm Busch erscheint als der besinnliche Denker und Philosoph, der seine eigenen Wege ging und der zeitlebens Orden und Ehren verachtete. Merkur am Aszendenten läßt ein starkes Erzählertalent erkennen, während Neptun am Medium Coeli auf die künstlerische Berufung hinweist.

Häufig fuhr Wilhelm Busch in jüngeren Jahren zu seinen Freunden nach München. Dort ging es sehr lebhaft und unruhig zu (Mars und Uranus im Freundeshause).

Wilhelm Busch war seinem Horoskop nach mehr noch ein bedeutender Weiser und Philosoph als ein begnadeter Zeichner und Maler. Eine gründliche Kenntnis der menschlichen Natur klingt aus vielen überlieferten Versen.

Der Bericht seines Neffen läßt den Denker und Philosophen erkennen:

»Entsetzlich waren ihm die großen Jagden mit ihrem Massenmord, unfaßlich die Neigungen der großen Herren, die von solchem, seinem Gefühl nach brutalen Tun noch immer nicht lassen können.

Tief bewegte ihn die furchtbare Grausamkeit in der Natur, daß alles Lebendige töten muß, um zu leben im Kampf ums Dasein. Sein Mitleid erhoffte einen Fortschritt menschlicher Kultur in fernen Zeiten, wo nicht nur Menschenfresserei, sondern jeder Fleischgenuß als Kannibalismus angesehen werden und die jetzt herrschende, recht naive Anschauung überwunden sein würde, als ob die Tiere nur für den Menschen da wären.«

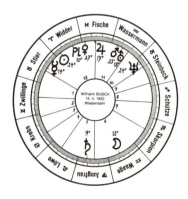

Thornton Wilder - der eigenwillige Dramatiker mit Hang zur Mystik

(geb.17. 4. 1897)

Der amerikanische Erzähler und Dramatiker, Thornton Wilder (Niven), geb. 17.4.1897 in Madison (Wisconsin), der in den USA mehrmals den Pulitzer-Preis erhielt, wurde nach dem zweiten Weltkrieg auch in Deutschland bekannt durch seine Theaterstücke »Unsere kleine Stadt« und »Wir sind noch einmal davongekommen«. 1957 wurde Thornton Wilder mit dem Friedenspreis des deutschen Buchhandels ausgezeichnet. Die Universität Frankfurt verlieh ihm bei dieser Gelegenheit den Ehrendoktor.

In »Unsere kleine Stadt« schildert er das typische Leben in einer amerikanischen Kleinstadt. Im dritten Akt des Stückes schauen die Verstorbenen auf ihr irdisches Leben zurück.

Wilder hat die Bühnenillusion durch eine neuartige experimentierende Technik (Verwendung des Ansagers, Aufhebung des Zeitablaufs) durchbrochen.

In seinem Geburtsbild weist die Neptun-Pluto-Konjunktion hin auf sehr eigenwillige Ziele und Gedanken, ebenso auf mystische Neigungen. Es wird mit ausgefallenen Mitteln versucht, etwas Außergewöhnliches zu leisten. Sehr stark ist der Wille, auf andere Menschen Einfluß auszuüben.

Auch die Konjunktion von Saturn und Uranus weist auf tiefgründige Anschauungen hin, aber auch auf Eigenwilligkeit und seelische Spannungen.

Die Konjunktion von Merkur und Venus wird häufig in den Geburtsbildern von Künstlern gefunden. Menschen mit dieser Konstellation haben meist ein frohes Gemüt und verfügen über persönlichen Magnetismus. Häufig liegt Sprachbegabung vor.

Das Trigon zwischen Geburtssonne und Jupiter ist ein nahezu untrügliches Anzeichen für einen konstanten Lebenserfolg. Widder-Menschen, deren Geburtssonne von Jupiter gut bestrahlt wird, spielen eine wichtige Rolle als Vertreter des öffentlichen Lebens. Sie sind liebenswürdig, großzügig, rechtschaffen, religiös und verfügen über eine gute Gesundheit.

Der Erfolg Wilders liegt darin begründet, daß er seine Theaterstücke dem Erfahrungs - und Erlebnisbereich der großen Masse von heute angepaßt hat.

Wer für die Gegenwart schreibt, muß damit rechnen, daß ihn die Zukunft vergessen wird. Wenn Theaterstücke den Beifall der großen Masse finden, so ist dieser Beifall noch keine echte und endgültige Aussage über ihren wirklichen Wert.

Das Horoskop Thornton Wilders läßt viele Fragen unbeantwortet. Vielleicht hat dieser Autor nicht den Wunsch, ein Genie zu sein. Vielleicht genügt es ihm, den Theaterbesuchern seiner Zeit ein wenig Stoff zum Nachdenken gegeben zu haben.

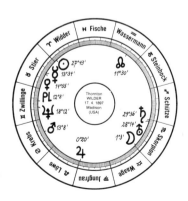

Herbert von Karajan - ein König im Reich der Musik

(geb. 5. 4. 1908)

Er ist der »Magier mit dem Taktstock«, ein ebenso eigenwilliger wie berühmter und gefeierter Dirigent. Mit der Musik ist Herbert von Karajan seit frühester Jugend vertraut. Als fünfjähriges Wunderkind trat er bereits am Klavier auf. Im Alter von 19 Jahren dirigierte er Beethovens »Fidelio« mit soviel Erfolg, daß er als Korrepetitor und Opernkapellmeister in Ulm einen Siebenjahresvertrag erhielt.

Seine Stabführung war schon damals einmalig. Bald schon holte man ihn nach Berlin, wo er begeistert gefeiert wurde. Dann kam der Krieg dazwischen, und wie die meisten mußte auch er von vorn anfangen. Er ging nach Wien und unternahm von dort aus Gastspielreisen in die ganze Welt. Welches Orchester er auch dirigierte, die Wiener Philharmoniker, die Berliner Philharmoniker, das Londoner oder Mailänder Orchester - unter seiner Stabführung gab es nur Höhepunkte und sensationelle Erfolge. Er ist ein musikalisches Genie und arbeitet wie ein Besessener. Schon in den dreißiger Jahren nannten ihn seine Kritiker »das Wunder Karajan«. Heute bezeichnet man ihn als »König im Reich der Musik«. Opern und Konzerte, die er dirigiert, sind stets Festaufführungen von seltenem Glanz, die in einem illustren Rahmen stattfinden.

Am 5. April 1908 wurde er in Salzburg als Herbert von Karajanopoulos geboren. Die Konstellationen in seinem Geburtsthema lassen bereits die genialen Anlagen erkennen, seinen ungewöhnlichen Lebensweg und Aufstieg. Die starke Persönlichkeit, die eiserne Energie und Durchsetzungskraft sind durch starke Marskomponente gegeben. Wir finden nicht nur Sonne und Saturn im Marszeichen Widder. Mars ist auch Geburtsgebieter als Herr des Aufgangszeichens Skorpion. Mars nimmt zudem eine dominierende Stellung an der Spitze des VII. Feldes in Konjunktion mit dem Kunstplaneten Venus ein. Er animiert hier dazu, sich in der Öffentlichkeit künstlerisch zu betätigen und eine Führungsrolle zu übernehmen.

Wichtig in diesem Geburtsthema sind die zahlreichen Planetenkombinationen. So erkennt man den erfolgreichen Magier des Taktstockes an der Verbindung von Neptun mit Merkur und Jupiter. Das ungewöhnliche organisatorische Talent läßt sich von der Verbindung zwischen Mars und Aszendent mit Jupiter/Pluto ableiten. Die Sonne im Halbquadrat zur Achse Venus/Mars weist auf die künstlerische Gestaltungskraft hin.

Die schöpferische Phantasie in der Musik resultiert vor allem aus der Aspektierung des Uranus zur Venus, die in der Achsenmitte von Pluto geschnitten wird, zumal sich hier sechs wichtige Planetenkombinationen vereinigen, die wie Sonne/Mars, Sonne Aszendent und Sonne/Venus ungewöhnliche Leistungen im Kunstschaffen begünstigen sowie auch die moderne Interpretation alter Werke.

Die vielseitige künstlerische Auffassung und Interpretation ist aber auch merkurbetont, denn er vermittelt die Leichtigkeit der Wiedergabe, die Frische des Ausdrucks und die Beschwingtheit, die oft durchschlagende Heiterkeit, die so ganz das Wesen des Meisters widerspiegelt. Er bringt alles in wundervoller Vollendung. Er ist nicht nur ein genialer Künstler, sondern auch ein ganz besonderer Mensch mit überragenden Charaktereigenschaften.

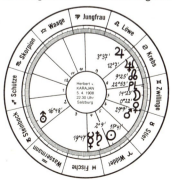

O.W. Fischer - der geistreiche Philosoph

(geb. 1. 4. 1915)

In den fünfziger Jahren war Otto Wilhelm Fischer, den alle Welt unter der Bezeichnung O.W. kennt, der beliebteste und erfolgreichste Filmschauspieler im deutschen Sprachgebiet. Er bezog die höchsten Gagen, war im Alter von vierzig Jahren vielumschwärmtes Frauenidol und Deutschlands Filmstar Nr. 1, was sich u.a. darin ausdrückte, daß ihm mehrfach durch Publikumsgunst das Goldene Bambi verliehen wurde.

Der Erfolg ist ihm nicht in den Schoß gefallen. Alles, was er in seinem Berufsleben erreicht hat, verdankt er neben seinem schauspielerischen Talent vor allem seinem Fleiß, seiner Willens- und Arbeitskraft.

Geboren wurde O.W. Fischer am 1. April 1915 in Klosterneuburg bei Wien. Sein Vater war Hofrat, der seinem Sohn sicher eine andere Laufbahn gewünscht hätte als die eines Schauspielers. Wie der ältere Bruder, der seinen Doktor machte, sollte auch O.W. eine akademische Laufbahn einschlagen. Man schickte ihn auf die Universität, wo er Germanistik und Kunstgeschichte studierte. Aber er gab sehr bald sein Studium auf, um Schauspieler zu werden. Wie viele seiner Kollegen besuchte auch er das berühmte Reinhardt-Seminar in Wien. Nach seiner Abschlußprüfung engagierte ihn das Wiener Theater in der Josefstadt. Kurz vor dem zweiten Weltkrieg kam er erstmals mit dem Film in Berührung, die Kunstgattung, in der er berühmt werden sollte.

Seine große Zeit hatte er in Filmen wie »Solange du da bist«, »Ein Herz spielt falsch«, »Ludwig II.«, »Hanussen«, »Struensee«, und »Helden«.1967 übertrug man ihm die Hauptrolle in »Der Schwierige« von Hugo von Hofmannsthal, mit dem er lange auf Tournee ging.

Für eine längere Zeit zog er sich in die Einsamkeit seines eleganten Hauses bei Lugano zurück, wo er sich der Philosophie widmete und eine Menge Bücher schrieb.

O.W. Fischer hat in seinem Geburtsthema die Sonne im Widder und als Aszendenten das Zeichen Schütze. Diese Kombination gibt ihm eine große Willensstärke und die Gabe, die eigene Persönlichkeit voll zur Geltung kommen zu lassen. Der Drang zur Erweiterung des geistigen Horizonts und zur philosophischen Lebensbetrachtung ist ihm in die Wiege gelegt. Hier macht sich der Einfluß der Planeten Jupiter und Merkur bemerkbar.

Die Stellung des Merkur in der Mitte zwischen Jupiter und Mars kennzeichnet Organisationstalent, Umsicht, Weitblick, erfolgreiche Dispositionen, kluges Denken und Handeln bzw. Verhandeln. Dieser Konjunktion verdankt O.W. auch seine geschäftliche Begabung, die sich in hohen Gagen für ihn sehr vorteilhaft auswirkte.

Seine ungewöhnlichen künstlerischen Fähigkeiten symbolisieren sich in dem großen Trigon zwischen der Venus als Regentin des 10. Feldes (Waage) und dem kulminierenden Mond sowie dem Saturn bzw. Pluto.

In der günstigen Verbindung mit Venus und Mond ist auch die harmonische, Verbindung mit einer älteren Lebenspartnerin erkennbar, der O.W. Fischer seit vielen Jahren die Treue hält.

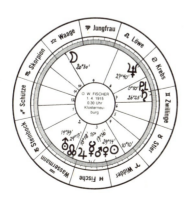

Ernst Jünger - der Prophet im Gewand des Dichters

(geb. 29. 3. 1895)

Am 29. März 1895 in Heidelberg geboren - wuchs Ernst Jünger, der Sohn eines Apothekers in Hannover, am Steinhuder Meer auf. Der in ihm wohnende Hang zum Außergewöhnlichen und Abenteuerlichen zeigte sich schon früh, als er der Schule den Rücken kehrte und zur Fremdenlegion ging. Aber bald fand er wieder zur Schulbank zurück.

Er nahm als Kriegsfreiwilliger am Ersten Weltkrieg teil und wurde mit dem »Pour le Mérite« ausgezeichnet, ging anschließend zur Reichswehr, die er aber 1923 wieder verließ. In Leipzig studierte er Philosophie und Zoologie und ließ sich dann als freier Schriftsteller nieder. Wegen einiger Kriegsbücher, wie vor allem »In Stahlgewittern«, wurde Ernst Jünger als ein sog. »Wegbereiter« des Nationalsozialismus angegriffen, obwohl sein symbolischer Roman »Auf den Marmorklippen« einen verhüllten Angriff auf den Nationalsozialismus enthielt.

Ernst Jünger gilt heute als einer der bedeutendsten Stilisten in der deutschen Gegenwartsliteratur. Seine Werke haben manche Wandlung durchgemacht. Ihr Inhalt reicht vom Weltkriegsroman » In Stahlgewittern« bis zur pazifistischen Schrift »Der Friede«. Zeitkritische Romane wie »Auf den Marmorklippen« und »Heliopolis« erhielten eine mythisch oder utopisch verschleierte Form, führten aber dennoch zu mancherlei Kontroversen.

Auch nach dem Zweiten Weltkrieg, an dem er als Hauptmann teilnahm, beschäftigten sich seine Bücher mit sozialen und soziologischen Veränderungen, dem Despotismus und der Tyrannei wie in »Über die Linie«, »Der gordische Knoten«, »Typus, Name, Gestalt«. In »Arbeiter« entwickelte Ernst Jünger erstmals Voraussagen und Deutungen, die sich inzwischen bestätigt haben. In »An der Zeitmauer« führte er diese prophetische Untersuchung fort. In diesem Buch widmet er auch der »Astrologie« ein Kapitel.

Das abenteuerliche Herz des Schriftstellers und seine Neigung, die zeitkritischen Aussagen in mythischen oder utopischen Betrachtungen zu verschleiern, läßt sich aus seinem Geburtsthema leicht erkennen. Man braucht nur der Besetzung des Zeichens Zwillinge einige Aufmerksamkeit zu schenken. Hier finden sich Neptun und Pluto in Konjunktion und bilden mit Mars eine Dreiergruppe, gefolgt von Jupiter. Ernst Jünger ist demnach ein ruheloser Wanderer, und zwar - entsprechend der Doppelnatur des Zeichens Zwillinge - in doppeltem Sinn: Körper und Geist befinden sich immer wieder auf Wanderschaft.

Mars als Dispositor der Sonne in den Zwillingen kennzeichnet die literarischen Interessen, bei denen das »Soldatische« immer wieder zur Sprache kommt. Die starke Besetzung des Zeichens Zwillinge und Merkur an Spitze IX in Fische befruchtet die Phantasie und vermittelt Stilgefühl. Und hier ist eine weiterer Hinweis dafür gegeben, daß Erkenntnisse (Merkur) in verschleierter (Neptun) Form aufgezeichnet werden, um Kontroversen nicht direkt herauszufordern. Auch die Konstellation Merkur/Quadrat Pluto fordert die Kritik und den Widerspruch Andersdenkender heraus. Merkur empfängt jedoch von Venus und Saturn günstige Aspekte , sodaß jede Kritik sich letzten Endes verliert, um dem Erfolg Platz zu machen.

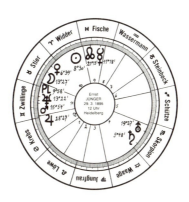

Jean-Paul Belmondo - der charmante Frauenliebling

(geb. 9. 4. 1933)

Man nennt ihn den häßlichsten Franzosen seiner Generation weil er eine eingedrückte Sattelnase, aufgeworfene Lippen und ein unregelmäßiges Gesicht hat. Dabei ist Jean-Paul Belmondo von bezwingendem Charme, er besitzt einen schlagfertigen Mutterwitz und ein ungekünsteltes, liebenswürdiges Naturell. Wie sonst auch könnte er ein Liebling der Frauen sein!

Als Sohn eines prominenten Bildhauers, der als Präsident der Pariser Akademie der Künste vorsteht, wurde JeanPaul Belmondo am 9. April 1933 in Paris-Neuilly geboren. Seine künstlerische Begabung zeigte sich schon sehr frühzeitig, als er versuchte, seinem Vater nachzueifern. Weil die ersten Erfolge aber auf sich warten ließen, verließ der junge Belmondo sein Elternhaus und wurde Berufsboxer. Auf Anraten seiner Freunde besuchte er dann aber eine Schauspielschule und debütierte am »Théatre Marigny«. Als man ihm größere Rollen anvertraute, bekam er Spaß an der Schauspielerei. Kritikern und Publikum fiel er besonders in Stücken von Anouilh und Shakespeare auf.

An seinem interessanten Typ konnte auch der Film nicht vorbeigehen. Zuerst setzte man ihn in unbedeutenden Rollen ein. Erfolg hatte er erst mit dem Film »Außer Atem«. Weitere große Filme waren »Cartouche, der Bandit«, »100 000 Dollar in der Sonne«, »Borsalino«, »Eine Frau ist eine Frau«, »Schritt ohne Spur«, »Ein Mann, der mir gefällt«, »Verrückte Seefahrt« und »Der Coup«.

Sein Horoskop weist es aus, daß er ein Draufgänger und ein Frauenliebling ist, ein künstlerisch hochbegabter Mensch, nicht frei von Sensibilität. Allein das impulsive, tatendurstige Zeichen Widder ist besetzt mit Sonne, Venus und Uranus. Das deutet auf Mut, Kühnheit und Waghalsigkeit hin. Venus steuert hier die schöpferischen Kräfte bei, vermittelt aber auch die Neigung zu Liebesabenteuern, und Uranus schenkt eine starke Energie.

Im Aufgang steht das Zeichen Zwillinge. Neben einer gewissen Sorglosigkeit im Charakter verleiht der Aszendent auch vielseitige künstlerische Talente. Merkur als Geburtsgebieter im Zeichen Fische betont die schöpferische Vielseitigkeit. Merkur hat ein Trigon zu Pluto, eine Konstellation, die sich auf seine Darstellungskraft begünstigend auswirkt. Vor hier kommt auch der schlagfertige Mutterwitz.

Venus Sextil Saturn und Sonne Sextil MC, die sich beide im Zeichen der Faszination, im Wassermann, befinden, weisen aber auch auf den Charakterdarsteller hin, der mit überraschenden schauspielerischen Nuancen aufwartet und durch seine Vielseitigkeit zu faszinieren versteht.

In seinem Horoskop befindet sich der Mond im Zeichen Waage, so daß es ihm nicht schwer fällt, die Umwelt und das Publikum zu seinen Gunsten zu beeinflussen. Hier ist noch einmal das künstlerische Interesse wie auch die künstlerisch-schauspielerische Begabung unterstrichen.

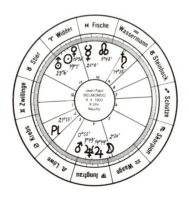

Doris Day - die Vollblutkomödiantin

(geb. 3. 4. 1924)

Doris Day wollte ursprünglich Tänzerin werden. Ein Autounfall in ihrem dreizehnten Lebensjahr zerstörte diesen Traum. Dann nahm sie Gesangsunterricht, was vor allem ihren Vater, einen bekannten Konzertpianisten, sehr freute.Sie wurde durch das Lied »Sentimental Journey« weltbekannt.

Die am 3. April 1924 in Cincinnati/Ohio als Doris Kappelhoff geborene Künstlerin siedelte später von New York nach Hollywood über, wo sie den Weg zum Film fand und zu weltweiter Berühmtheit gelangte. Ihr rascher Aufstieg zum Weltstar war selbst für amerikanische Verhältnisse nicht alltäglich.

Im Film hatte sie Gelegenheit zu zeigen, welch' vielseitige Vollblutkomödiantin in ihr steckt. Filme mit ihr brachten stets gute Kassen. In Deutschland wurde sie vor allem bekannt durch die Filme »Der Mann, der zuviel wußte«, »Picknick im Pyjama«, »Report der Liebe«, »Bezaubernde Frau«, »Was diese Frau so alles treibt« und »Eine zuviel im Bett«. In »Das Teufelsweib« hält sie Bösewichter und Gangster in Schach. Eine dramatische Rolle hatte sie in »The Epic of Josie«.

Schließlich war sie auch der Werbung des Fernsehens erlegen. In den deutschen Regionalprogrammen erfreute sie das Publikum als Witwe mit zwei Kindern, die auf der Suche nach einem Mann ist.

Neben ihrer künstlerischen Tätigkeit ist Doris Day auch eine clevere Geschäftsfrau. Sie besitzt Ölquellen, Grundstückswerte, eine Rinderfarm und ist Teilhaberin bei Schallplattenfirmen.Man sagt ihr nach, daß sie eine der reichsten Frauen Hollywoods ist. Jedenfalls verstand sie es immer glänzend, sich zu verkaufen.

Aus dem Geburtsthema von Doris Day läßt sich das energiegeladene Naturell sofort erkennen. In diesem

Thema ist das Feuer-Element ganz stark betont. Bei ihrer Geburt erhob sich am östlichen Horizont das Zeichen Löwe. Die Sonne als Geburtsgebieterin hält mit Mond und Merkur das unternehmungsfreudige Zeichen Widder besetzt. Sie bildet mit Jupiter im eigenen Zeichen, Schütze und Neptun sowie dem Aszendenten im Löwe ein geschlossenes Trigon, die Konstellation, die man auch den Berühmtheitsaspekt nennt. Jedenfalls erweist sich die Auswirkung einer solchen Planetenstellung als besonders erfolgsfördernd. Im speziellen Fall von Doris Day verspricht sie u.a. auch die öffentliche Anerkennung.

Die Geburtssonne wird von Mars und Pluto scharf angegriffen, so daß das Leben bei Doris Day sehr anstregend und turbulent verläuft. Tatsächlich besteht bei Doris Day ein Hang zu übertriebenem Ehrgeiz, der sie oft in Nervenkrisen geführt hat. Daß sie trotz Feuertrigon und Erfolgskonstellationen ein sehr sensibles Naturell besitzt, dafür sorgt Neptun am Aszendenten. Die Beschäftigung mit religiösen Problemen - Jupiter im Schützen - gibt ihr den Halt, den sie als sensible Frau nötiger braucht als robustere Naturen.

Die Pflege der Geldinteressen fördert der Aszendent in der 2. Dekade des Zeichens Löwe. Die merkantile Tüchtigkeit ist dem 2. Feld in der Jungfrau/Trigon MC zu entnehmen. Venus im 2. Zeichen Stier schenkte ihr den finanziellen Instinkt und machte sie zur reichen Frau.

James Last - Botschafter in Musik

(geb. 17. 4. 1929)

In Deutschland nennt man ihn den »Party-König«, im Ausland gilt er als Botschafter in Musik. Überall wo er mit seinem Gefolge hinkommt, erwirbt er sich Freunde, wird umjubelt. Seine Musik ist in 94 Ländern zu hören. Man freut sich darüber in England ebenso wie in Australien oder in der Sowjetunion. Das kommt daher, weil er ein fröhlicher Mensch ist und fröhliche Musik macht. Mit seinem »Party-Sound« eroberte er sich die ganze Welt.

James Last wurde in der Hansestadt Bremen am 17. April 1929 geboren. Musik war stets die Begleitung in seinem Leben. Der Vater spielte drei Instrumente, die älteren Brüder musizierten ebenfalls. Das musikalische Wunderkind in der Familie aber war James Last. Bereits mit fünf Jahren konnte er auf dem Klavier Kinderlieder spielen, nicht etwa nach Noten, sondern frei nach dem Gehör. Aber erst im Alter von neun Jahren bekam er richtige Klavierstunden. Mit Vierzehn ging er aufs Konservatorium.

Im Alter von siebzehn Jahren spielte er zum erstenmal in der Öffentlichkeit den Kontrabaß, sein liebstes Instrument. Er spielte zusammen mit seinen Brüdern im Tanz- und Unterhaltungsorchester des gerade erst gegründeten Senders Bremen. 1955 wurde er Mitglied des Orchesters am Norddeutschen Rundfunk, aber erst zehn Jahre später wurden Platten von ihm produziert. Und nun begannen auch die zahlreichen Auszeichnungen und Ehrungen. James Last war ein gefragter Mann, ein hervorragender Kapellmeister und einfallsreicher Komponist.

In seinem Horoskop findet man die Sonne in Konjunktion mit Merkur im Zeichen Widder, in dem sich außerdem noch der Planet der originellen Einfälle und des erfinderischen Geistes, nämlich Uranus, aufhält. In diesem Zeichen ist die Lebenslust zuhause. Er schenkt die starken Impulse, die Begeisterungsfähigkeit und die vorwärtsdrängende Energie.

Im Zeichen Stier, das so oft bei musikalischen Begabungen in einem Horoskop betont ist, stehen neben der
Venus, die hier ihr Domizil hat und daher von starker Wirkung ist, Jupiter und der aufsteigende Mondknoten. Die
Venus schenkt hier den Sinn für Harmonie und Lebensfreude. Sie betont gewißermaßen das Motto »Leben und leben lassen«. Mit Sonne und Merkur bildet sie eine Tripple-
Konjunktion und ein großes Trigon mit Neptun, dem Planeten der Intuition und Phantasie.

Merkur und Sonne stehen in der Mitte von Jupiter und
Uranus. Hier zeigt sich der Sinn für witzige Gags, wie sie im
»Party-Sound« und auch sonst bei James Last zum Ausdruck kommen, der Sinn für Stimmung und Atmosphäre.
Jupiter im Sextilaspekt zu Mars/Pluto, mit denen er ein Pla-
netenaspekt bildet, weist auf die ungewöhnlichen Erfolge,
die James Last in relativ kurzer Zeit erzielen konnte und
weiter erzielen wird. Da auch der Mondknoten in diese
Kombination einbezogen werden kann, macht er deutlich,
daß James Last durch seinen Elan, seinen Schwung, die
anderen mitreißt.

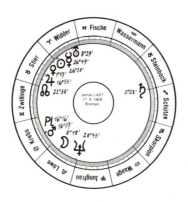

Charlie Chaplin - das größte Genie der Leinwand

(geb. 16. 4. 1889)

Als Charles Spencer Chaplin wurde er am 16. April 1889 im Armenviertel von London geboren. Er war der Sohn eines Sängers und einer Tänzerin, die ihm das Theaterblut und die künstlerischen Ambitionen vererbten. Bevor er 1910 mit einer Schauspielertruppe nach Amerika kam, spielte er auf Wanderbühnen. Ab 1923 arbeitete er nur mehr für die von ihm mitbegründete »United Artists«.

Charlie Chaplin, den der irische Dichter und Nobelpreisträger G.B. Shaw als »das größte Genie der Leinwand« bezeichnete, ist ein typischer Einzelgänger, der am liebsten alles selbst erledigt. Er ist nicht nur ein großartiger Darsteller, er hat sich auch als Drehbuchautor, als Komponist, Regisseur und Produzent erfolgreich betätigt. Nicht umsonst sieht man in ihm ein Universalgenie.

»Mister Engländer«, wie die Amerikaner ihn nannten, gilt als der Vater des amerikanischen Lustspiels, das für den Film große Bedeutung erlangte. Bekannt und beliebt wurde der Künstler in der ganzen Welt durch die Eigenart seiner Darstellung, in der er Unbeholfenheit und Tragikomik geschickt miteinander zu verbinden wußte.

»The Kid« (Der Vagabund und das Kind) war Charlie Chaplins erster abendfüllender Film, der einen sensationellen Erfolg hatte. Das Kind spielte übrigens Jackie Coogan, der in dieser Rolle selbst zum Star wurde. Seinen größten Triumph jedoch feierte Chaplin mit dem Film »Goldrausch«. Dieser im Jahre 1925 gedrehte Stummfilm hat auch heute noch nichts von seiner Wirkung verloren. In allen seinen Filmen setzt sich Chaplin mit seiner Umwelt, mit der menschlichen Gesellschaft, auf seine Weise auseinander.

Nach dem Sieg des Tonfilms kamen »Lichter der Großstadt«, »Moderne Zeiten«, »Der große Diktator«, »Monsieur Verdoux«, »Limelight« (Rampenlicht). In einem seiner letzten Filme »Ein König in New York« rechnete Charlie Chaplin mit Amerika ab, das ihn der kommunistischen Gesinnung verdächtigt hatte und ihm eine »unamerikanische« Haltung zum Vorwurf machte. Während sich der Künstler auf einer Europareise befand, ordnete der damalige Justizminister an, daß Chaplin nicht mehr in die Vereinigten Staaten zurückkehren dürfe (1952). Seitdem lebt er mit seiner großen Familie, seiner Gattin Oona O'Neill, die ihm in vierter Ehe acht Kinder schenkte, am Genfer See.

Die Geburtssterne dieses »Genies der Leinwand« sind recht aufschlußreich. Ins Auge fällt insbesondere der Komplex von sechs Gestirnen, die sich über drei Zeichen verteilen: die Betonung der Kardinalzeichen und der Feuerelemente sowie die Eckhausbesetzungen. Detailliert sieht das so aus:

Die Sonne im Zeichen Widder am Mitternachtspunkt unterstreicht seine starke Willens- und Tatkraft, sie gibt außerdem einen Hinweis auf ein langes gesundes Leben. Der Erfolgsplanet Jupiter steht nicht nur im 1. Feld, er ist bei Aszendent Schütze auch Geburtsgebieter und weist in seinem Trigon zum Mars auf erfolgreiche Unternehmungen. Hier ist auch der erste Hinweis dafür gegeben, daß angestrebte Ziele meist erreicht werden, daß neben der Sorge um die Gesundheit auch ein starkes Besitzstreben vorhanden ist.

Jupiter im Saturnzeichen Steinbock drängt dazu, sich aus engen ärmlichen Verhältnissen herauszuarbeiten und sich in der Öffentlichkeit einen Namen zu machen. Der starke Erwerbstrieb wird auch durch die Besetzung des Zeichens Stier und durch Pluto im 6. Feld in den Zwillingen zum Ausdruck gebracht.

Mars im Zeichen Stier im 4. Feld symbolisiert mit der Sonne das künstlerische Erbmaterial und hat hier eine Beziehung zur Schauspielkunst, was durch Venus und Neptun im 5. Feld noch besonders unterstrichen wird. Venus in der Mitte von Sonne und Pluto kennzeichnet die schöpferischen Kräfte, die bei Charlie Chaplin in so vielseitiger Form zum Ausdruck kommen. Die Vielseitigkeit und das Geniale in diesem begabten Künstler werden durch Uranus im Zeichen Waage im 9. Feld inspiriert.

Die Opposition zu Merkur steigert die geistigen Fähigkeiten, die sich schöpferisch zu entfalten vermögen, sich aber auf ungewöhnlichen Bahnen bewegen. Über Uranus und MC regiert die Venus,wodurch die Hingabe an die Kunst, der Drang nach künstlerischer Betätigung unterstrichen wird.

Publikumsgunst und Massenwirkung ist aus der Stellung des Mondes im Skorpion (10.Feld) zu ersehen, zumal dieser ein Sextil von Jupiter empfängt und einen Aspekt in die Mitte von Merkur/Pluto aufzuweisen hat. Der Oppositionsaspekt zum Mars dagegen ist bezeichnend für die Eigenwilligkeit im Charakter des Künstlers, der es wagte, sich gegen eine ganze Welt zu stellen.

Viele der Schwierigkeiten im Leben Charlie Chaplins, Anfeindungen, Verwicklungen und Landesverweis, lassen sich aus der Mond-Mars-Saturn-Kombination entnehmen, die jedoch durch Jupitergunst und fördernde Merkuraspekte überwunden werden konnten.

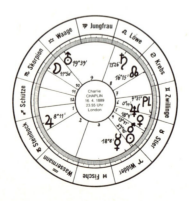